全国老年大学规划教材

老年人象棋教程

老年大学体育教材编写组　主编

人民邮电出版社

北京

图书在版编目（CIP）数据

老年人象棋教程 / 老年大学体育教材编写组主编
. -- 北京：人民邮电出版社，2023.9
ISBN 978-7-115-61945-7

Ⅰ．①老… Ⅱ．①老… Ⅲ．①中国象棋－教材 Ⅳ.
①G891.2

中国国家版本馆CIP数据核字(2023)第119664号

免 责 声 明

作者和出版商都已尽可能确保本书技术上的准确性以及合理性，并特别声明，不会承担由于使用本出版物中的材料而遭受的任何损伤所直接或间接产生的与个人或团体相关的一切责任、损失或风险。

内 容 提 要

象棋是一种双人对抗的棋类游戏，趣味性强，深受老年朋友的喜爱。

本书共八章，第一章至第四章介绍象棋基础知识，包括象棋用具、棋子的摆放、棋子的走法和吃棋方式、象棋术语、象棋规则，让老年朋友初步了解象棋的玩法；第五章介绍象棋的基本杀法，在复习象棋玩法的同时，学会如何快速将死对方，为之后的学习打好基础；第六章介绍象棋开局阶段的布局，包括常见的开局种类和开局技巧；第七章介绍象棋中局阶段的战术，其中重点介绍了如何制定战略和运用战术取胜；第八章介绍象棋残局阶段的定式杀法，其中重点介绍了残局阶段的攻守技巧。

本书通过详细的文字和配图说明，帮助老年朋友轻松学会下象棋，提高下棋水平，丰富自己的老年生活。

◆ 主　　编　老年大学体育教材编写组
　　责任编辑　裴　倩
　　责任印制　彭志环

◆ 人民邮电出版社出版发行　　北京市丰台区成寿寺路 11 号
　　邮编　100164　　电子邮件　315@ptpress.com.cn
　　网址　https://www.ptpress.com.cn
　　大厂回族自治县聚鑫印刷有限责任公司印刷

◆ 开本：787×1092　1/16
　　印张：9　　　　　　　　　　2023 年 9 月第 1 版
　　字数：110 千字　　　　　　2023 年 9 月河北第 1 次印刷

定价：38.00 元

读者服务热线：(010)81055296　印装质量热线：(010)81055316
反盗版热线：(010)81055315
广告经营许可证：京东市监广登字 20170147 号

目录

第三章 象棋的相关术语 29

第四章 象棋的规则 43

第五章 象棋的基本杀法 61

第六章 象棋开局的布局 79

第一章

象棋的用具及摆棋

1.1 认识棋盘

象棋的棋盘由十根横线和九根竖线垂直交叉而成，总共有九十个交叉点，象棋的棋子就活动在这九十个交叉点上。

棋盘以河界为中心，分为上下两个相等的部分，上下两个部分中又有九宫和位标。

1.1.1 河界

棋盘上第五根与第六根横线之间，未画竖线的一条空白横道象征两军阵营的界限，称为"河界"，河界将整个棋盘分为相等的两个部分。

1.1.2 九宫

在双方阵营的底部中心，呈米字方格的区域，称为"九宫"。九宫并非九个格子，而是九个交叉点。

1.1.3 位标

以棋手为准，棋盘上的九根竖线从右至左分别为1至9或一至九线；棋盘上的横线由近至远分别为0至9线，棋手记谱时以自己为准，标称棋盘上的九十个交叉点。

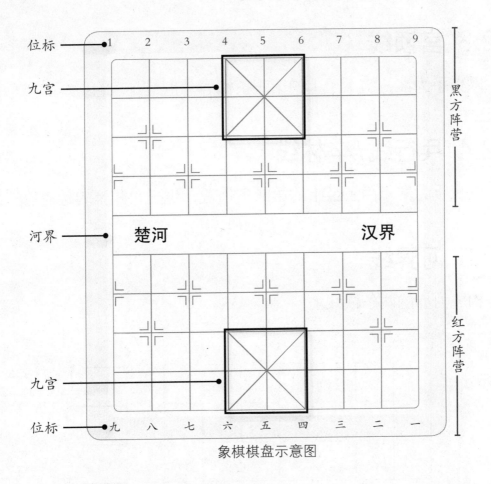

象棋棋盘示意图

1.2 棋盘横线的称谓

在位标的相关内容中，我们介绍过十根横线分别为0~9线，而除了位标的称谓以外，这十根横线红黑双方阵营各五条，又有相对应的称谓。

1.2.1 底线

以棋手为准，红黑双方最低的一条横线。

1.2.2 底二线

以棋手为准，由下至上的第二条横线。

1.2.3 宫顶线

以棋手为准，由下至上的第三条横线，也是九宫的顶线。

1.2.4 兵行线/卒林线

以棋手为准，由下至上的第四条横线，也是兵和卒的起点位置。

1.2.5 河界线

构成河界的两条横线。

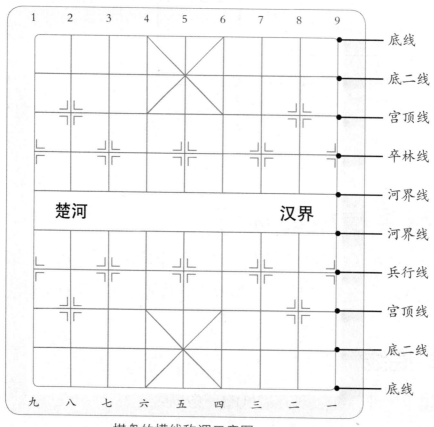

棋盘的横线称谓示意图

1.3　棋牌纵线的称谓

棋牌上的九条纵线对于红方来讲为一至九线，对于黑方来讲为1至9线。这九条纵线我们需要重点了解五条，接下来我们分别介绍。

1.3.1　中线

棋牌中第五条竖线为中线，中线又称中路，是有关将、帅安危的生命线，亦为双方必争的战略要点。

1.3.2　肋道

棋牌中第四和第六条竖线为肋道，因其位于将、帅左右而得名，肋道是对局双方攻守的要道。

1.3.3　边线

棋牌中第一和第九条竖线为边线。

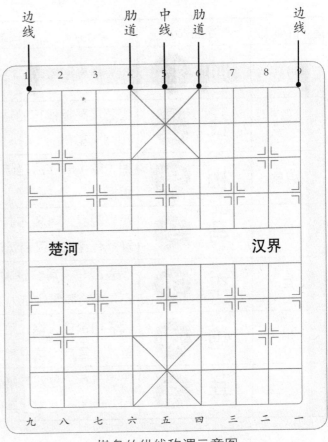

棋盘的纵线称谓示意图

1.4 认识棋子

象棋棋子分作红、黑两方阵营，两方棋子的种类和数量完全相同。

1.4.1 棋子的数量与名称

各方棋子种类有七种，双方各持有十六颗棋子。

名称	平面图示	含义	各方棋子数量
帅/将	帅 将	代表最高指挥官，在后方指挥作战	1
仕/士	仕 士	代表最高指挥官的贴身侍卫，不离"将（帅）"左右	2
相/象	相 象	相（象）的作用是防守，可将它理解为丞相	2
马	马 马	代表骑兵，可多方向发起进攻，这个兵种既有速度，又有灵活度	2
车	车 车	代表战车，可快速发起远距离的进攻，它是各方阵营中威力最强的战力	2
炮	炮 炮	代表炮台或火炮，可远距离攻击对方阵营，是各方阵营中威力第二的战力	2
兵/卒	兵 卒	代表步兵，是双方阵营中数量最多的兵种，也属于进攻性兵种，需近距离作战	5

1.4.2 棋子的价值

依据棋子的灵活性、可控制范围和威慑力判断，车、马、炮属于强子，仕（士）、相（象）、兵（卒）属于弱子，且兵（卒）的价值因所处位置的变化，价值也会随之浮动。

车、马、炮这三枚强子，原则上一枚车相当于双马、双炮或一马一炮，而马和炮的价值相同。当然，不同情况下，棋子的价值是变动的。

以下我们以棋子可控制的交叉点和威慑力为依据，制作一个表格将各棋子的价值做一个大概归纳。

棋子	基础价值		变动价值	
兵 卒	0.5分	未过河前只能控制一个交叉点	1.5分	过河后可控制三个交叉点
仕 士	2分	最多可控制四个交叉点		
相 象	2分	最多可控制四个交叉点	2.5分	活动范围比仕（士）大，且可阻击过河的兵（卒）
马 马	4分	最多可控制八个交叉点	4.5分	后期棋子减少，马路畅通，价值提升
炮 炮	4.5分	远程作战，有炮架时最多可控制八个点，且一着可移动九条线	4分	后期棋子减少，炮架较少，炮的价值降低
车 车	8.5分	最多可控制十七个交叉点	9分	威力大，机动性强

棋子可控制的交叉点数详情见第二章棋子的走法相关内容。

1.5 学习摆棋

认识棋子后，我们需要学习正确地将棋子摆放到初始位置上。

首先，棋子应摆放在交叉点上，不可摆在方格内，或者横线和竖线上。

其次，棋子的初始位置，横向以中线为准左右对称摆放；纵向以河界为准两方阵营兵力对称。

如下图所示，红方和黑方的棋子正确摆放位置。

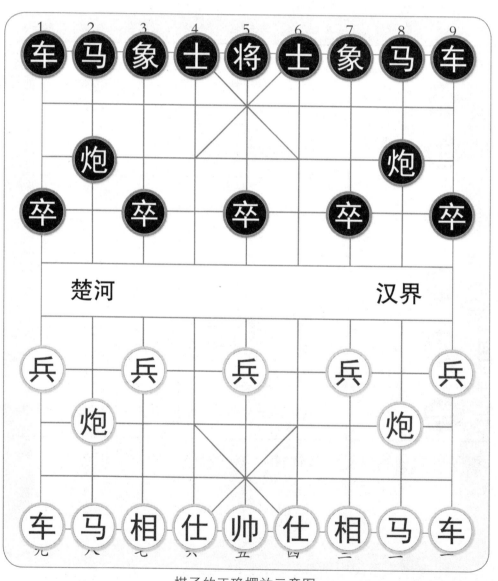

棋子的正确摆放示意图

第二章

棋子的走法和吃棋方式

2.1 棋子的走法

红黑双方各持有七种棋子，这七种棋子的走法是象棋的入门知识，以下我们分别介绍这七种棋子的走法。

2.1.1 帅（将）的走法

帅和将在象棋中身份相等，都是对垒双方的最高指挥官，因此，帅和将的走棋方式是一致的。

有关帅和将的走法，我们需要了解它们的活动范围、行走的步法以及走棋的特殊规定这三点。

➡️♟ 代表可移动方向和可到达交叉点

⇢♟ 代表不可移动方向和不可到达交叉点

◆ 活动范围

帅（将）的活动范围限定在九宫之内，它们不可走出九宫之外。 如下图所示，帅所在位置只可下移和平移，不可上移。

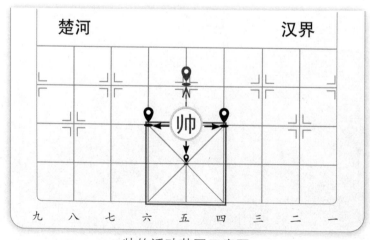

帅的活动范围示意图

◆ 行走的步法

帅（将）是沿着九宫的横线和竖线前进、后退和横走，且帅（将）
每次只能移动一格。如下图所示，帅在起点位置时，可向上、向左、向
右移动一格；帅在九宫中心时，可前后左右移动一格。

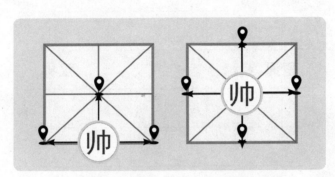

帅的正确行走步法示意图

帅（将）**每次只能移动一格，且不可斜向移动**。如下图所示，帅在
起点位置时，不可一次移动两格至宫顶线上；帅在九宫中心时，不可沿
斜线移动至四角。

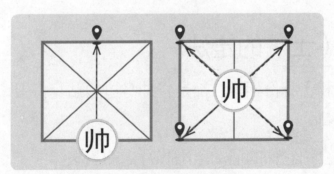

帅的错误行走步法示意图

◆ 特殊规定

在象棋对弈时，当帅与将中间无棋子间隔时，不可位于同一直线上。
如下页图所示，将位于4路，帅位于五路，此时由红方走棋，帅可右移
和上移，不可左移，如帅左移则红方输棋。

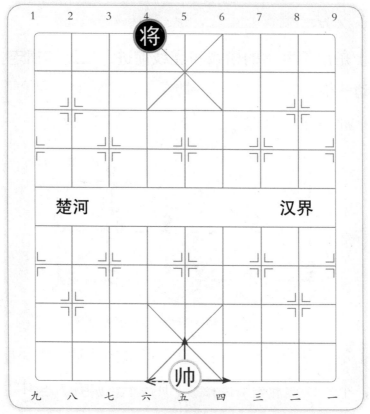

将与帅的特殊规定示意图

2.1.2 仕（士）的走法

象棋中仕和士身份相等，都是将帅身边的贴身侍卫，因此，仕和士的走棋方式相同。

下面我们介绍它们的活动范围和行走的步法。

◆ 活动范围

仕（士）只可在自家阵营的**九宫内活动**。如右图所示，红色方框所示区域为仕的活动范围。

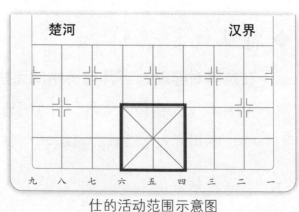

仕的活动范围示意图

◆ 行走的步法

仕（士）只许沿着九宫内的斜线移动，且每次只可移动一格。如下图所示，位于底线和宫顶线的仕，只可移动到九宫中心；位于九宫中心的仕，可沿斜线移动至九宫四角，这也是一仕（士）最多可控制四点的来由。

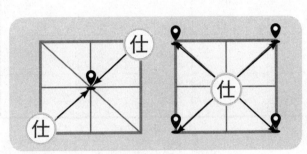

仕的正确行走步法示意图

如下图所示，仕在九宫的四个角上时，不可沿斜线一次移动两格，也不可沿九宫外框移动；仕在九宫中心时，不可上移、下移和平移。

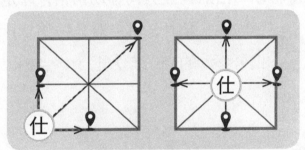

仕的错误行走步法示意图

2.1.3 相（象）的走法

相和象是九宫外第一颗棋子，在象棋中它们的身份相等，其走棋方式也相同。

依据相（象）的活动范围及行走的步法来看，**相（象）可移动的交叉点为七个**，以下我们分别介绍相（象）的活动范围和行走步法。

◆ 活动范围

相（象）只能在自己的阵营内活动，不能越过河界踏入对方的领地。

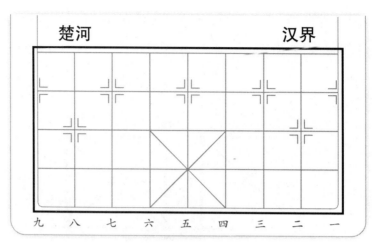

相的活动范围示意图

◆ 行走的步法

相（象）每次移动可沿对角线方向移动两格，即走"田"字。如下图所示，相位于"田"字格一角时，可沿对角线移动；依据相的活动范围及行走步法总结，相可移动的交叉点为七个，当相位于中路时，最多可控制四个交叉点。

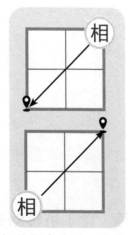

相的行走步法示意图

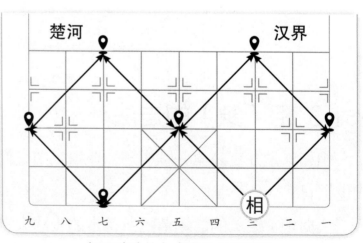

相可移动的七个交叉点示意图

◆ 塞相（象）眼

当相（象）行走的对角线中心有任意一颗棋子时，即**"田"**字中心有任意一颗棋子时，相（象）便不可移动到**"田"**字对角处，俗称**"塞相（象）眼"**。

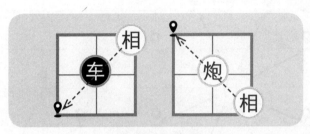

塞相眼示意图

2.1.4 马的走法

在马的走法中我们要了解它的活动范围、行走的步法以及蹩马腿这三个知识点。

◆ 活动范围

马的活动范围不受限制，它可在整个棋盘九十个交叉点上落子。

◆ 行走的步法

马只可沿着"日"字格的对角线移动，俗称马走"日"字。如下图所示，马可纵向斜走两格，也可横向斜走两格。

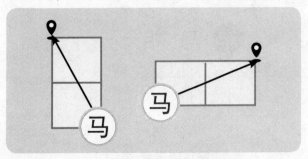

马的行走步法示意图

依据马的行走步法来看，**马每次最多可向八个交叉点移动，最少可向两个交叉点移动。**如下图所示，位于一路的马可移动的交叉点有两个，位于七路的马可移动的交叉点有八个。

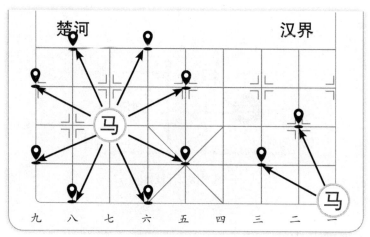

马可移动的交叉点示意图

◆ 蹩马腿

以马所在交叉点为参考，当紧挨该交叉点的横向或纵向交叉点有任意棋子时，马便不可沿该方向移动，俗称"蹩马腿"。

如下图所示，红方的马左右交叉点有其他棋子，红方的马不可横向斜走两格。

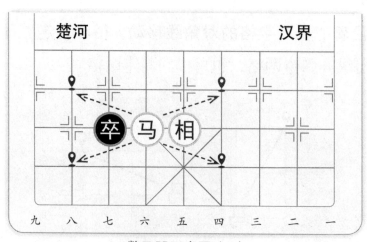

蹩马腿示意图（1）

如下图所示，黑方的马前后交叉点有其他棋子，黑方的马不可纵向斜走两格。

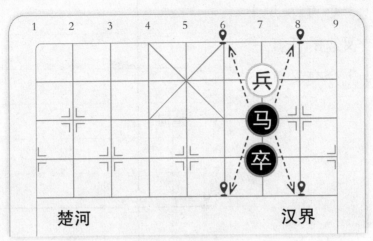

整马腿示意图（2）

2.1.5 车的走法

车在没有棋子阻挡的情况下，最高可控制十七个交叉点；为了方便理解一车控制十七点，我们先了解车的活动范围，再学习车的行走步法。

◆ 活动范围

车的活动范围为整个棋盘的九十个交叉点，在无棋子阻挡的情况下，车可从一路移动至九路，也可从自己阵营的底线移动至对方阵营的底线。

◆ 行走的步法

车每次行走可沿直线前进或者后退，也可沿横线左移或右移，每次移动并不限制格数。

如右图所示，车可水平移动到横线上八个交叉点的任意一点上，垂直移动到竖线上九个交叉点的任意一点上，总共十七个交叉点。

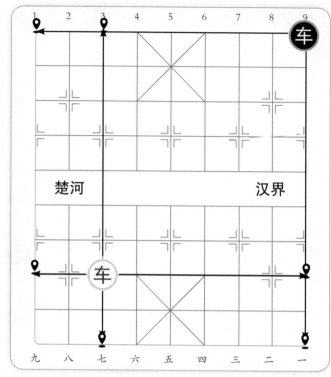

车的行走步法示意图（1）

车每次移动虽然不限制格数，但当车的行走方向有己方的棋子阻挡时，不可越过该棋子行走，如是对方的棋子便可取代对方的棋子，占领该交叉点。

如右图所示，红方的车向右最多移动至三路，因为二路有自己的棋子阻拦；黑方的车向前最多可移到兵行线，取代红方的兵占领交叉点。

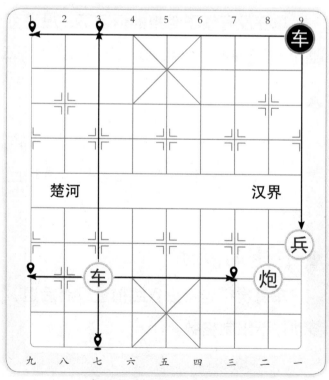

车的行走步法示意图（2）

2.1.6 炮的走法

炮的走法与车大致相同，接下来我们对比车的走法，学习炮与车在走法上的相同与不同之处。

◆ **活动范围**

炮可在棋盘中任意交叉点活动，它的活动范围是整个棋盘。

◆ **行走的步法**

在无棋子阻拦的情况下，炮与车的走法相同，都是沿横线或竖线移动，每次移动不限制格数；当有棋子阻拦时，炮与车的走法便不同了，炮只能在其他棋子前落子，不可取代对方棋子占领交叉点。

如下图所示，黑方的炮沿横线移动最远可到边线上，沿竖线移动最远可到底线上；红方的炮因横向和纵向都有棋子阻拦，行走时最远可落子到其他棋子前的交叉点上。

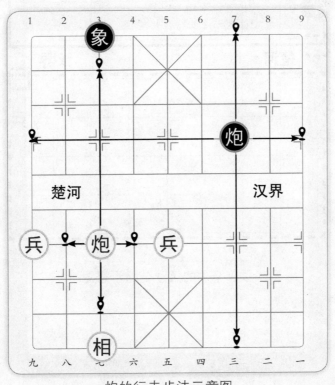

炮的行走步法示意图

2.1.7 兵（卒）的走法

兵和卒的身份相等，它们的走法也相同，且过河前与过河后的走法有少许区别。

◆ 活动范围

兵和卒在未过河前只可前移，过河后便可在对方阵营前移、左移和右移；因此兵和卒的活动范围是己方阵营的一个交叉点加对方阵营。

如下图所示，一路的兵活动范围为实线方框所示区域；1路的卒活动范围为虚线方框所示区域。

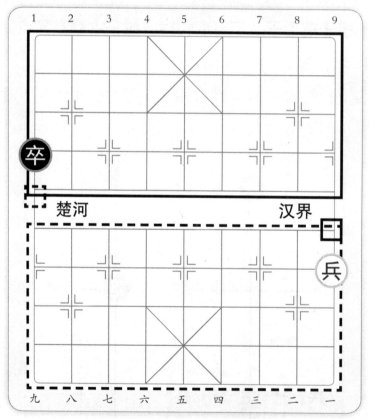

兵（卒）的活动范围示意图

◆ 行走的步法

　　兵和卒每次只能移动一格，当它们未过河之前只可前移一格，过河后便可前移、左移、右移一格。注意，兵和卒都不可以后退。

　　如下图所示，兵在自己阵营时只可前移一格，到黑方阵营的河界线后，便可向前、向左和向右移动一格。

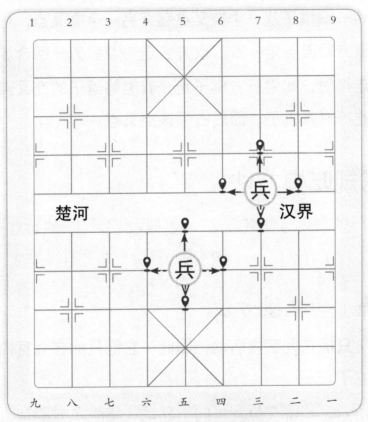

兵（卒）的行走步法示意图

提示

当棋子按照行走步法移动时，如落子点有己方棋子便不可移动过去，如有对方棋子，便可吃子后占领该交叉点，这便是我们接下来要学习的棋子的吃棋方法。

注意，炮的走棋方法和吃棋方法是不同的，这也是炮为何只能在其他棋子前落子，不可取代对方棋子而占领交叉点的来由。

2.2 棋子的吃棋方法

炮与其他棋子的吃棋方法有所区别，因此，我们将吃棋方法分为常规吃棋方法和特殊吃棋方法。

2.2.1 吃棋规定

行棋方将一颗棋子从一个交叉点移至另一个交叉点，称为一着，行棋时红方和黑方轮流各走一着，双方各走一着称为一回合。

行棋方走棋时，如果己方棋子走一着能够落子的交叉点有对方棋子存在，便可吃掉对方棋子，而后占领该交叉点。

2.2.2 常规吃棋方法

棋子的行棋方法与吃棋方法一致，我们将其归纳为常规吃棋方法，其中包含帅（将）、仕（士）、相（象）、马、车和兵（卒）。

◆ 帅（将）的吃棋方法

帅（将）只能在九宫内活动，因此，它们只能在九宫内沿横线和竖线移动一格吃子。

如下图所示，帅所在位置可向上移动一格吃黑方的卒，但不可以移动到九宫外吃黑方的炮，也不可斜向行走吃黑方的马。

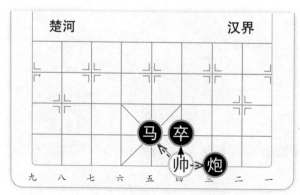

帅的吃棋方法示意图

◆ 仕（士）的吃棋方法

仕（士）的吃棋方法与走棋方法相同，**既沿九宫内的斜线移动一格吃对方的棋子，**当对方的棋子在九宫外，或不在斜线上，或相距两格时，仕（士）都不可吃对方的棋子。

如下图所示，红方的仕可沿斜线上移吃黑方的炮，但不可横移吃对方的马；黑方的士既不能斜移两格吃红方的马，也不能横移一格吃对方的炮。

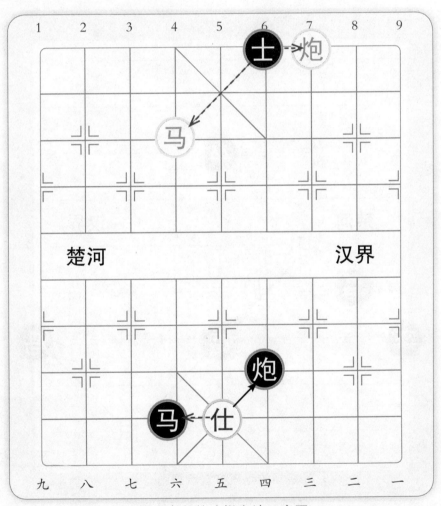

仕（士）的吃棋方法示意图

◆ 相（象）的吃棋方法

相（象）的吃棋方式与走棋方式相同，**即在自己的阵营内，走"田"字吃棋，当"田"字中心有任意棋子时，便不可越过该棋子吃对方棋子。**

如下图所示，位于三路的相可吃对方的炮和马；位于七路的相被马塞了相眼，因此不能吃对方的卒和炮，也不可越过河界吃对方的卒。

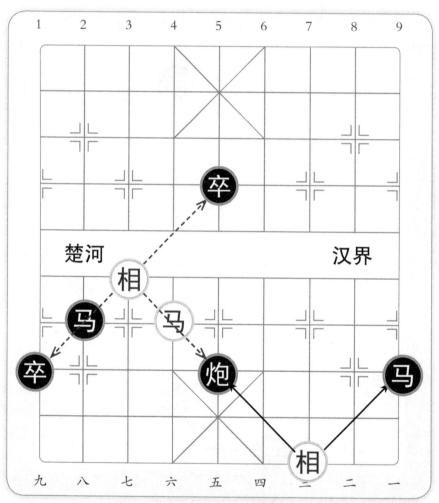

相的吃棋方法示意图

◆ 马的吃棋方法

马的吃棋方式与走棋方式相同，即沿"日"字的对角线吃棋，当马的左右或前后有其他棋子时，便不可越过该棋子吃棋。

如下图所示，红方的马只可吃黑方的象和卒，不可吃黑方的车和炮；黑方的马只可吃红方的马和仕，不可吃红方的炮和车。

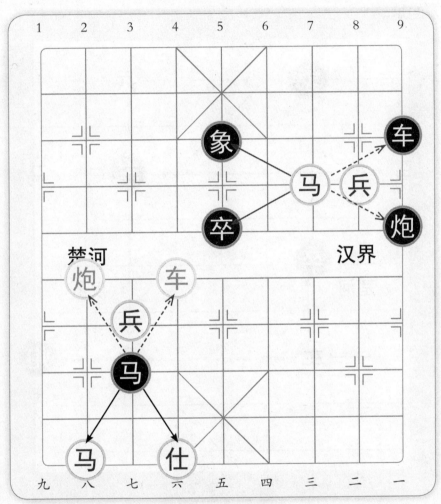

马的吃棋方法示意图

◆ 车的吃棋方法

在无其他棋子阻拦的情况下，车可沿横线或者竖线吃掉对方距离最近的一颗棋子。

如下图所示，黑方的车可沿横线或者竖线吃掉红方的一颗棋子；红方的车只可沿竖线吃掉黑方的卒，也不可越过卒吃掉象，同理不可越过兵吃黑方的炮。

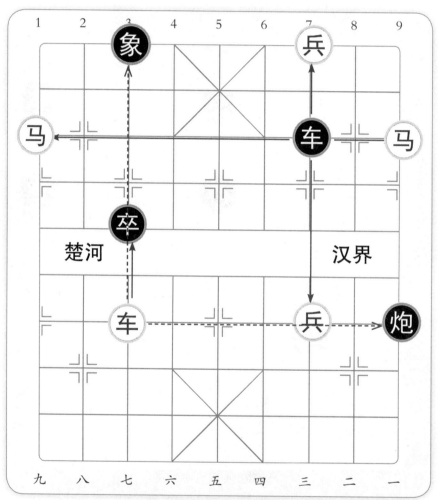

车的吃棋方法示意图

◆ 兵（卒）的吃棋方法

兵（卒）的吃棋方式与走棋方式相同，当兵（卒）可移动到的位置上有对方棋子时，便可吃掉对方棋子。

如下图所示，假设兵是由七路右移到六路的兵，则它可左移、右移或前移吃掉黑方的车、炮或士；而未过河的卒，只可前移吃红方的相，不可左右移吃红方的兵，更不可后退吃红方的车。

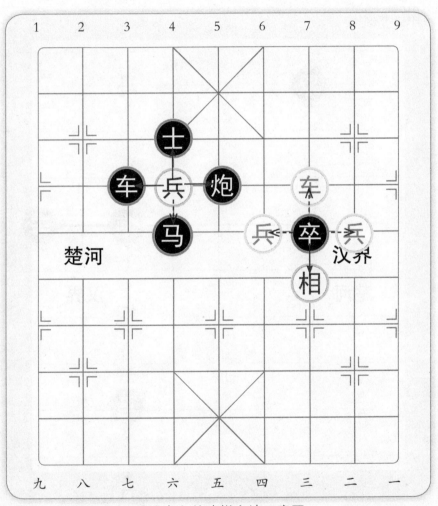

兵（卒）的吃棋方法示意图

2.2.3 特殊吃棋方法

特殊吃棋方法是指炮的吃棋方法，因其行棋方法与吃棋方法不同，**炮在吃对方棋子时，必须隔一颗棋子，这颗棋子我们称之为炮架，作为炮架的棋子可以是任意棋子。**

如下图所示，红方的炮可吃黑方的车和象；而黑方炮不能吃红方的马，其一，炮不可在中间无棋子的情况下直接吃棋；其二，炮不可隔一颗以上的棋子吃棋。

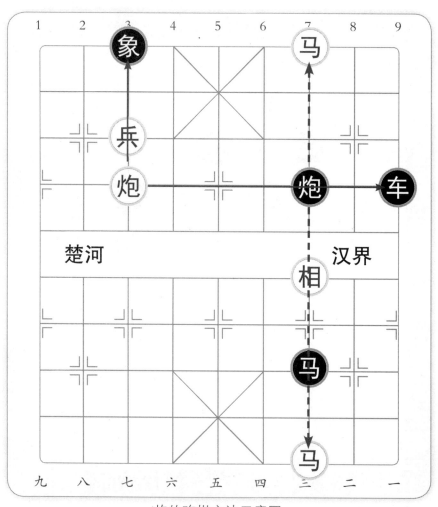

炮的吃棋方法示意图

第三章

象棋的相关术语

3.1 棋子的专业术语

中国象棋的棋子处于不同位置时有对应的术语概括，棋盘上的棋子在不同状态下也有相关术语概括，以下我们分别列举一些常用的棋子术语。

3.1.1 帅（将）的专业术语

◆ **山顶帅**　又称山顶公，指位于宫顶线上的帅（将）。

◆ **剥光猪**　指对垒双方中，有一方的棋子只剩下帅（将），已无其他棋子。

◆ **光帅**　是指没有守备的帅（将）。

如下图所示，红方只剩主帅，因此，红方的帅为剥光猪；黑方的将无任何棋子守护，且位于宫顶线，因此，黑方的将既为山顶帅，又为光帅。

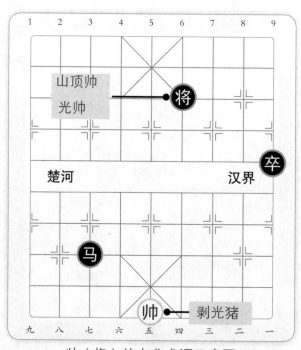

帅（将）的专业术语示意图

3.1.2 仕（士）的专业术语

◆ 羊角士　　指一方的两个士（仕）都支在九宫上角。

如下图所示，红方的仕立于九宫右上角，称为羊角士；当黑方的士移动至图中的两个红色定位点时，便也称为羊角士。

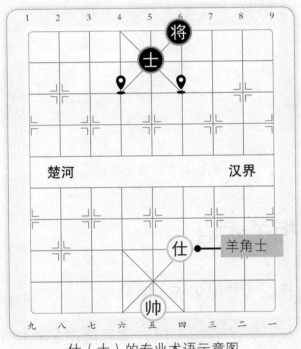

仕（士）的专业术语示意图

3.1.3 相（象）的专业术语

◆ 边相（象）　　指位于边线上的相或象，而从红方来看是指位于一路和九路上的相，从黑方来看是指位于1路和9路上的象。

如下页图所示，棋盘上的相和象都立于边线上，便称之为边相（象）。

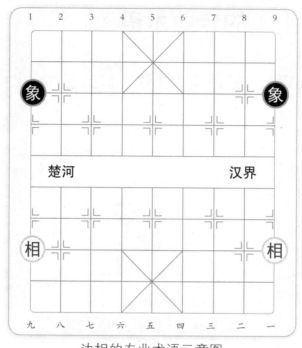

边相的专业术语示意图

3.1.4 马的相关术语

◆ **边马**　指位于两根边线上的马。

◆ **盘河马**　指一方的马位于己方河界线与三路或七路交叉点上。

◆ **高钓马**　从红方来看，指立于卒林线与三路或七路交叉点上的马；从黑方来看，指立于兵行线与3路或7路交叉点上的马。

◆ **窝心马**　又称归心马或入宫马，指一方的马走入己方九宫中心。

如下页图所示，红方的马分别为边马和盘河马，黑方的马分别为高钓马和窝心马。

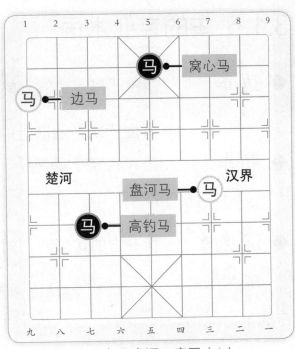

马的专业术语示意图（1）

◆ **挂角马**

指立于对方九宫四角中任意一角的马。

◆ **连环马**

指一方的双马分别位于"日"字的对角，形成互相保护之势。

◆ **屏风马**

指一方的双马并踞，保护中兵（卒），状如屏风。

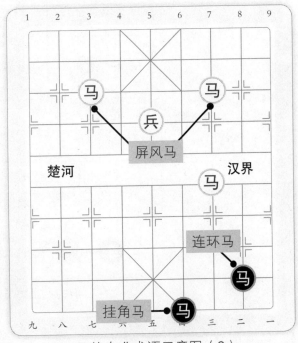

马的专业术语示意图（2）

如上图所示，黑方位于6路的马为挂角马，黑方的双马为连环马；红方的双马为屏风马。

3.1.5 车的专业术语

◆ **边车**　　指位于棋盘边线上的车。

◆ **肋车**　　指位于两条肋道上的车，从红棋方来看，是指立于四路和六路上的车，从黑棋方来看，是立于4路和6路的车。

◆ **沉底车**　指一方的车移动到对方的底线上。

如下图所示，红方位于九路的车为边车，位于四路的车为肋车，黑方的车为沉底车。

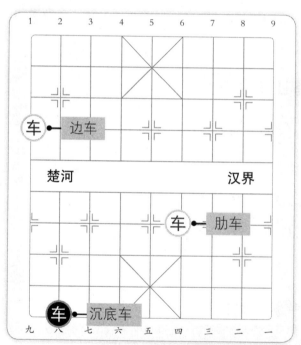

车的专业术语示意图

3.1.6 炮的专业术语

◆ **边炮**

指位于边线上的炮。

◆ **沉底炮**

指移到至对方底线上的炮。

◆ **空头炮**

指己方的炮与对方的将（帅）位于同一横线或纵线上，但炮与将（帅）中间无任何棋子。

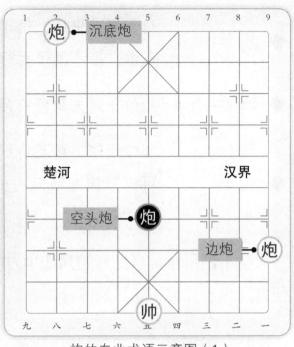

炮的专业术语示意图（1）

如上图所示，红方位于一路的炮为边炮，位于八路的炮为沉底炮；黑方位于5路的炮为空头炮。

◆ **担子炮**

两炮中间有一颗棋子，使两炮相互保护。

◆ **重炮**

两炮前后排列攻击对方的将（帅）。

如右图所示，红方的双炮为担子炮，黑方的双炮为重炮。

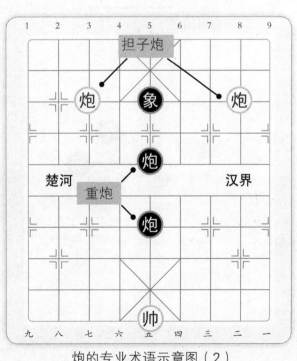

炮的专业术语示意图（2）

3.1.7 兵（卒）的专业术语

◆ **高兵**　对于红方来讲，指不低于卒林线的过河兵；对于黑方来讲，指不低于兵行线的卒。

◆ **低兵**　指位于对方阵营宫顶线和宫二线的兵或卒。

◆ **底兵**　指位于对方阵营底线上的兵或卒，因其步入底线后只可选择向左或向右横移，战力减弱，又称为"老兵"和"弱兵"。

如下图所示，当红方的兵和黑方的卒过河后，因其位于不同横线上便有高兵、低兵和底兵的区分。

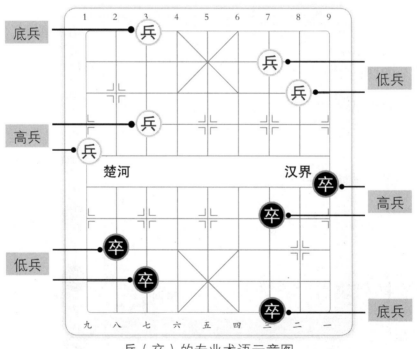

兵（卒）的专业术语示意图

3.2 行棋的相关术语

在象棋的相关书籍中，会用相关的术语去描写行棋，为了更加轻松的阅读相关书籍，我们需了解基础的行棋术语。

3.2.1 一着

在对局时走棋的一方，将一颗棋子从一个交叉点移动到另一个交叉点，或吃掉对方的棋子而占领其交叉点，即为"一着"。

3.2.2 先手、后手

从走棋次序来讲，一盘棋先走棋的一方为先手，后走棋的一方为后手。注意，先手和后手还可用来形容棋局形势，先手指处于进攻状态，主动的一方，后手为被动的一方。

3.2.3 将、长将

凡走棋后，下一着可直接攻击对方的帅（将）者，称为"将"，又称为"将军""照将""叫将"。

如右图所示，当黑方把炮横移至中路后，黑方的炮便可直接攻击红方的帅，称之为"将军"。

如一方走棋连续不断地将军，又无法将死对方，称为"长将"。

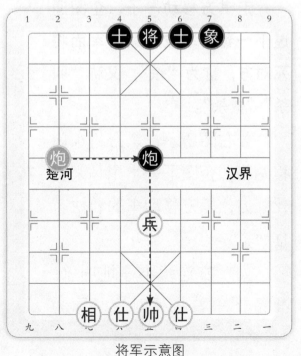

将军示意图

3.2.4 应将

被将军的一方采取某种走棋方法应对将军，又称为"解将"，意为解除将军的局面。

如右图所示，面对黑方的炮将军时，红方把相移至图示交叉点，便是"应将"。

注意，如己方面对将军时，无法应将，或不应将，即为被"将死"。

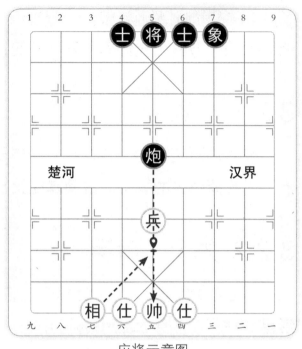

应将示意图

3.2.5 杀、长杀

走棋方移动一子，企图通过下一着将军或连续将军而将死对方，称为"杀"，又称"叫杀""做杀"。

如右图所示，黑方将车前移两格，企图下一步用马来将死红方，黑方移动车的着法就是"杀"。

如一方连续不停地叫杀，准备下一着将死对方，称为"长杀"。

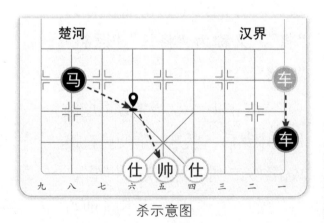

杀示意图

3.2.6 捉、长捉

走棋方移动棋子后，能够造成在下一着吃掉对方某颗不被保护的棋子，称为"捉"。

如下图所示，红方移动马后，在下一着可用马吃掉黑方的炮，或移开炮，下一着让相吃掉黑方的马，红方的着法称为"捉"。

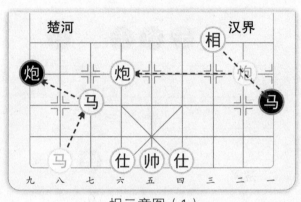

捉示意图（1）

注意，运用下一着将军或连续将军而吃子的着法，也称为"捉"。

如下图所示，黑方移动马，通过下一步将军来吃红方的炮，黑方走马的着法也是捉。

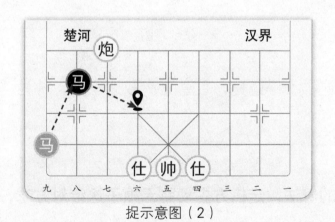

捉示意图（2）

如一方连续捉另一方没有保护的棋子，称为"长捉"。

3.2.7 兑、长兑

走棋方移动棋子之后，让对方相同的兵种吃掉该子，接着再用其他棋子反吃，进行等价交换，称为"兑"。

如下图所示，红方走马便是邀黑方兑马，因黑方用马吃子后，红方可用炮将黑方的马吃掉，最终红方和黑方各损失一马。

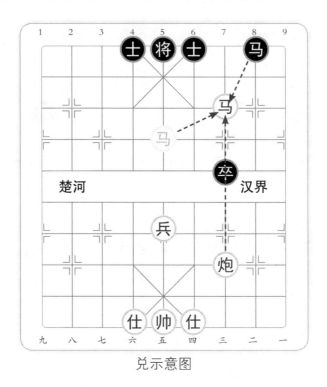

兑示意图

如走棋方连续不停邀兑，且邀兑次数达三次，称为"长兑"。

3.2.8 献

一种送吃的着法，走棋方主动将无根子送给对方吃，称为"献"。

如下页图所示，红方将兵上移一格，让黑方的车吃棋，且黑方吃棋后不受反击，那么，红方进兵的着法便是"献"。

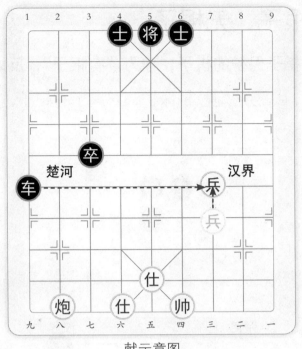

献示意图

3.2.9 拦

走棋方移动棋子阻拦对方棋子，所走动的棋子又不具攻击作用，称为"拦"。

如下图所示，红方移动马，阻拦黑方的炮向前移，且红方的马移动后并无攻击作用，红方走马的着法称为"拦"。

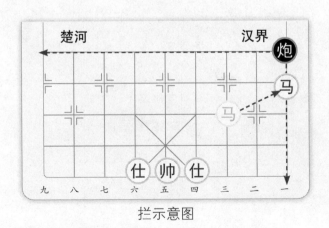

拦示意图

3.2.10 有根子、无根子

被己方其他棋子保护的棋子，称为"有根子"，反之为"无根子"。

如下图所示，红方的炮被相保护，它属于有根子，红方的马并无己方棋子保护，它属于无根子。

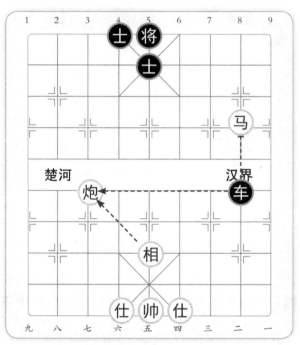

有根子、无根子示意图

提示

上述介绍的将、杀、捉都属于攻击着法，统称为"打"；凡是不属于打的着法统称"闲"。

第四章

象棋的规则

4.1 记录棋谱

在正规的象棋比赛中，一般都要求棋手认真记录对局双方的每一着棋，而平常下棋基本不要求做记录。

4.1.1 记谱的方法

象棋每一着棋的记录一般用四个字记录，例如，红方的"车一进二"，黑方则是"车1进2"。

我们先来了解这四个字的含义，以"车一进二"为例。

车	一	进	二
表示所移动的棋子名称	指棋子移动前所在的竖线序号，红方的竖线序号为一至九，黑方竖线序号为1至9	指棋子移动方向，记谱时表示移动方向的字有进、退、平。"进"表示向对方阵营前移；"退"表示向己方阵营后移；"平"表示在同一横线上左右移动	表示前移或后移的格数。注意，如果是横向移动时，则表示到达的竖线序号

综上所述，"车一进二"是指红方一路上的车向前移动两格，"车1进2"则为黑方1路上的车向前移动两格，如下图所示。

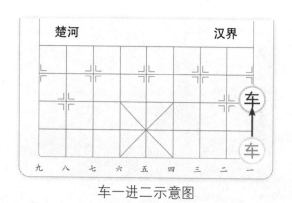

车一进二示意图   车1进2示意图

4.1.2 记谱的补充说明

在象棋中"马""相（象）""仕（士）"每次移动都是斜走，因此，表示它们的移动方向只有进和退，而表示到达的位置则用竖线序号标记，如下图所示。

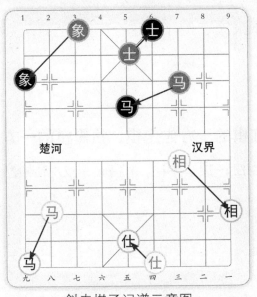

斜走棋子记谱示意图

棋子	红方	黑方
马	马八退九	马7进5
相（象）	相三退一	象3进1
仕（士）	仕四进五	士5退6

当同一竖线上，一方有两颗及以上名称相同的棋子时，要用"前"或"后"来加以区别。如下图所示，红方的车在同一竖线，黑方的马在同一竖线，移动它们时用"前车""后车""前马""后马"区分。

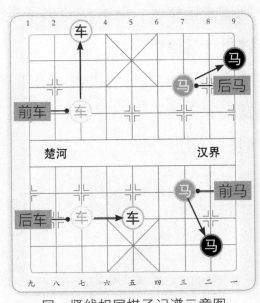

同一竖线相同棋子记谱示意图

棋子	前	后
车	前车进三	后车平五
马	前马进8	后马退9

4.2 行棋

棋规规定，对局双方交替行棋，当一方把另一方"将死"，则棋局结束，而在行棋时，我们需了解走棋次序、摸子、落子、禁止着法。

4.2.1 走棋次序

在中国象棋的对局中，由执红棋的一方先走棋，执黑棋的一方后走棋，双方轮流各走一着，直至分出胜、负、和。注意，红方和黑方各走一着为一个回合。

4.2.2 摸子

在对局中，轮到自己走棋时才能摸子，在对方走棋时不可触摸棋子。而触摸棋子的规则需了解以下三种。

◆ 触摸己方棋子

在对局中，触摸了己方棋子，则需走该棋子，除非按照棋子走法来讲，被触摸的棋子无法走棋，己方才可走其他棋子。

如下图所示，红方触摸了一路的相，该相本可前进或后退至三路，但前进路线被马塞住了相眼，后退路线的交叉点有己方的车，因而无法走棋，这种情况下，红方才可走其他棋子。

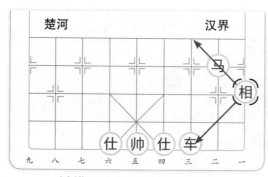

触摸己方棋子处理示意图

◆ 触摸对方棋子

在对局中，触摸了对方棋子，则必须吃掉该棋子，除非己方所有棋子都无法吃子，才可另行走棋。

如下图所示，红方触摸了黑方的炮，此时红方的马可以吃子，就必须用马吃子，就算下一着黑方可用象反吃，也不可反悔。

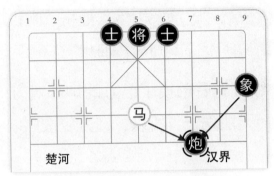

触摸对方棋子处理示意图

◆ 触摸双方棋子

在对局中，走棋方先后或者同时触摸了双方棋子，则必须用被触摸的己方棋子，去吃被触摸的对方棋子。

如下图所示，红方触摸了己方的车和对方的马，则必须用己方的车吃对方的马，就算黑方可用卒反吃也不可悔棋。

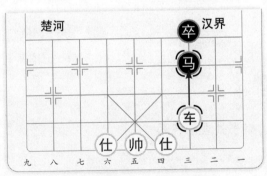

触摸双方棋子处理示意图

如被触摸的双方棋子，己方棋子无法吃对方棋子时，则依据摸子的前后顺序，给出不同的处理方法。

先触摸己方棋子，后触摸对方棋子，如前者无法吃后者，处理次序为：

① 走动被触摸的己方棋子；

② 被触摸的己方棋子无法走动，则换其他棋子吃被触摸的对方棋子；

③ 以上处理方法均无法实行，则另行他棋。

如下图所示，红方先后触摸了己方的炮和对方的卒，因炮与卒中间隔了两颗棋子，而无法吃子，所以，红方应按照以上罗列的处理次序走棋。

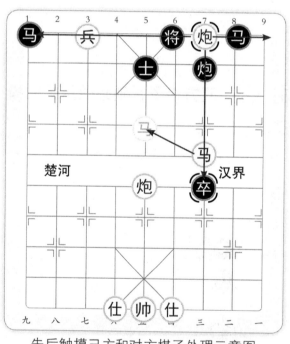

先后触摸己方和对方棋子处理示意图

① **走动炮**

横向和纵向相邻交叉点都有棋子，因而无法走动，也无法通过隔子吃子来走动。

② **吃卒**

己方无棋子可以吃掉对方的卒。

③ **另行他棋**

比如移开马。

先触摸对方棋子，后触摸己方棋子，如后者无法吃前者，处理次序为：

① 换其他棋子吃被触摸的对方棋子；

② 如己方棋子都不能吃子，则走动被触摸的己方棋子；

③ 以上处理方法均无法实行，则另行他棋。

如下图所示，黑方先后触摸了对方的相和己方的马，因黑方的马为蹩脚马，而无法吃相，所以，黑方应按照以上罗列的处理次序走棋。

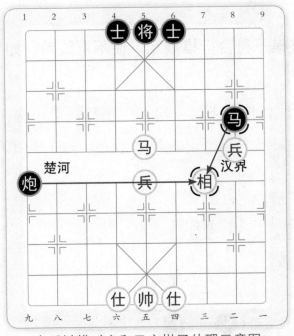

先后触摸对方和己方棋子处理示意图

换其他棋子吃相

己方的炮可以吃子，其他棋子不能，必须用炮吃子；就算炮吃子后，对方既可用马反吃，又可用兵吃己方的马，己方也不可另行走棋。

提示

如无法区分触摸棋子的前后顺序，则按照先触摸对方棋子处理。

4.2.3 落子

在对局中，落子需注意两点：一是落子的位置，棋子必须落在交叉点上，如棋子落在两个交叉点之间，无法辨认位置时，则由对方指定其中一点为落子点。

如下图所示，红方移动车后，无法辨认车落点在二路还是三路，此时黑方可指定车落在三路。

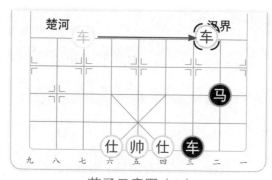

落子示意图（1）

二是落子后不可悔棋，只要该棋子符合行棋规定，便不可改动，如属于失手落子，则不算落子。

如下图所示，黑方的马照将，红方把车下移三格，用蹩马腿来应将，红方落子后便不可悔棋，就算下一着黑方用炮可吃红方的车，红方也不可悔棋。

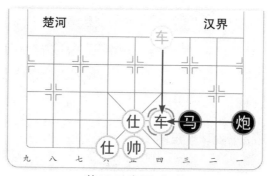

落子示意图（2）

4.2.4 禁止着法

在对局中，往往会出现一些循环反复的着法，其中一些着法是禁止着法。

我们在上一章介绍过，将、杀、捉等攻击着法统称为"打"，同一着法循环三次为"长打"。**棋规规定，除将（帅）、卒（兵）之外，任何棋子都不允许"长打"。**例如，单方面走出长将、长杀、长捉、一将一杀、一将一捉、一杀一捉等循环重复的攻击性着法，都是禁止着法。

◆ 长将

指一方连续不停地将军，既不能将死对方，又不愿改变着法。

如下图所示，由黑方走棋，黑方循环反复前后移动一格将军，黑方着法为长将，是禁止着法。

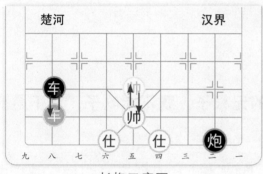

长将示意图

回合	红方	黑方
1		车2进1
2	帅五进一	车2退1
3	帅五退一	车2进1
4	帅五进一	

◆ 长杀

一方连续不停地做杀，企图下一着将死对方，既不能将死对方，又不愿改变着法。

如下页图所示，由黑方走棋，黑方循环往复横移车，企图下一着走到红方阵营的底线上将军，黑方着法为长杀，是禁止着法。

回合	红方	黑方
1		车6平9
2	炮三平一	车9平7
3	炮一平三	车7平9
4	炮三平一	

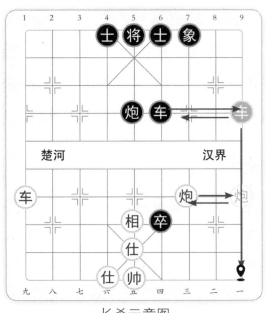

长杀示意图

◆ 长捉

一方连续走子不停地捉对方的无根子，既不能吃子，又不愿改变着法。

如下图所示，由红方走棋，红方循环往复追捉黑方的马，既不能吃子，又不愿改变着法，红方的着法为长捉，是禁止着法。

回合	红方	黑方
1	车九平七	马3退1
2	车七平九	马1进3
3	车九平七	马3退1

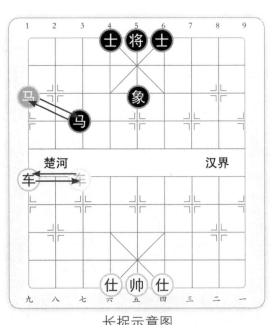

长捉示意图

◆ 一将一杀

一方走子循环交替地进行将军和做杀，既不能将死对方，又不愿改变着法。

如下图所示，由红方走棋，红方的马循环往复地前进和后退，循环交替地将军和做杀，便是禁止着法。

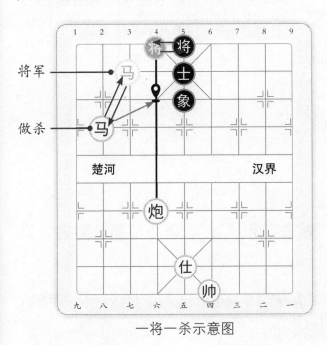

一将一杀示意图

回合	红方	黑方
1	马八进七	将5平4
2	马七退八	将4平5
3	马八进七	将5平4

提示

红方先用马"将军"，把黑方的将逼至4路，马再原路返回"做杀"，企图下一着把马移至定位点，用马和炮将死对方。

◆ 一将一捉

一方走子循环往复地进行将军和捉子，既不能将死对方，又不愿改变着法。

如下页图所示，由红方走棋，红方的车循环往复地在七路上前进和后退，不停地将军与捉对方的马，便是禁止着法。

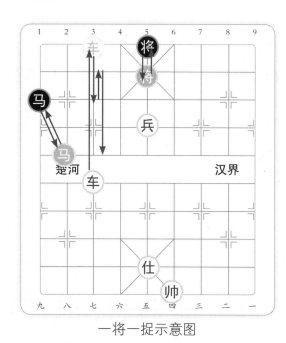

一将一捉示意图

回合	红方	黑方
1	车七进五	将5进1
2	车七退二	马1进2
3	车七进一	将5退1
4	车七退三	马2退1
5	车七进四	将5进1

◆ 一杀一捉

一方走子循环交替地进行"做杀"和"捉"，既不能将死对方，又不愿改变着法。

如下图所示，由红方走棋，红方的车循环往复地平移，交替地做杀和捉对方的马，红方的着法为禁止着法。

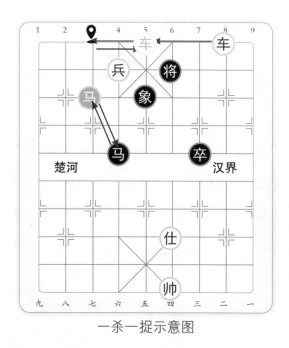

一杀一捉示意图

回合	红方	黑方
1	车二平五	马4退3
2	车五平七	马3退4
3	车七平五	马4退3
4	车五平七	马3退4

提示

红方把车平移至五路，企图下一着把兵右移一格将死对方；黑方把马退回至3路，便可在红方将军时，吃掉兵应将。

4.3 将军与应将

棋规规定，当一方将军时，另一方必须马上应将，应将的方法有四种，以下我们做详细介绍。

4.3.1 吃子

吃子是指吃掉对方将军的棋子，以解除将军的局面。

如右图所示，黑方挂角马将军，红方可用车吃对方的马，解除将军局面，这种应将方法为吃子应将。

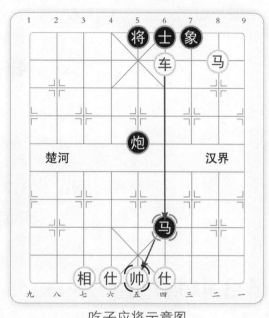

吃子应将示意图

4.3.2 垫将

垫将是指用棋子挡住对方将军的棋子。

如右图所示，红方的车将军，黑方走"士5退4"便是垫将。

注意，当对方用马将军时，己方可用棋子蹩住马腿来应将。

如右图所示，红方挂角马将军，黑方走"马2进4"便可蹩住红方的马腿，破解了将军的局面。

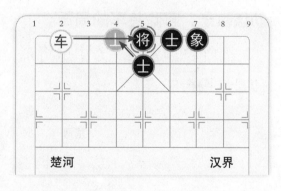

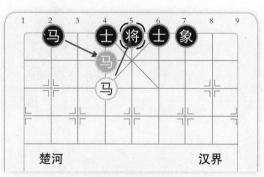

垫将应将示意图

4.3.3 避将

避将应将，指对方将军时，移动帅（将）使其避开将军的棋子。

如下图所示，红方底炮将军，黑方的将上移一格，避开红方的炮，这便是避将。

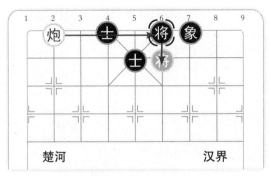

避将应将示意图

4.3.4 拆炮台

拆炮台是指对方用炮将军，而作为炮台的棋子为己方棋子，便可移动该棋子，解除将军的局面。

如下图所示，黑方中炮将军，红方的相为炮架，红方将相移开，这便是拆炮台应将。

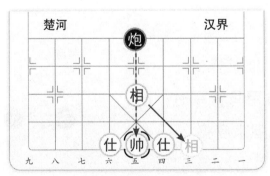

拆炮台应将示意图

4.4 将死、困毙、自杀

将死、困毙、自杀都是棋局分出胜负的依据，以下我们做详细介绍。

4.4.1 将死

面对将军时，己方无法应将，即被"将死"。

如下图所示，红方面对将军时，四种应将方法都无法实行，因此，红方已被黑方将死。

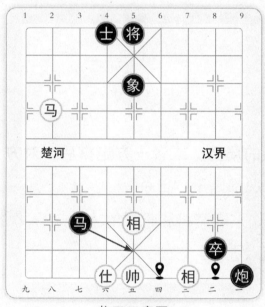

将死示意图

提示

吃子：红方棋子都无法吃黑方的炮。

垫将：红方棋子都无法在下一着移动到二路和四路的定位点上。

避将：红方的帅上移一格，下一着黑方的马可直接吃帅。

拆炮台：红方的相为黑方的炮台，其进一路线被卒塞相眼，进五路又有己方棋子。

综上所述，此时红方无法应将。

4.4.2 困毙

走棋方虽未面对将军，但已无子可走，即被"困毙"。

如下页图所示，现轮到红方走棋，红方棋子要么被困在原地无法走动，要么移动后帅就会被吃，当前局面为红方被困毙。

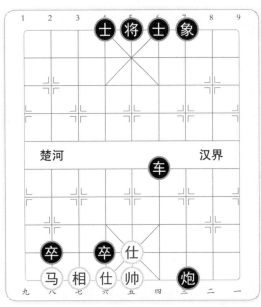

困毙示意图

提示

1. 红方的马和相由于"蹩马腿"与"塞相眼"的原因无法移动。

2. 红方底线上的仕无法移动，九宫中心的仕移动后，帅与将直接对面，违反棋规。

3. 红方的帅右移，黑方可用车吃棋。

综上所述，红方无子可走，属于"困毙"局面。

4.4.3 自杀

一方走棋后，形成将与帅面对面的局势；或者一方走棋后，对方可以直接吃掉己方的帅（将），以上情况都属于"自杀"。

如下图所示，红方面对将军时，如采取避将和吃子的方法来应将，就都属于"自杀"，正确的应将为"炮六进一"。

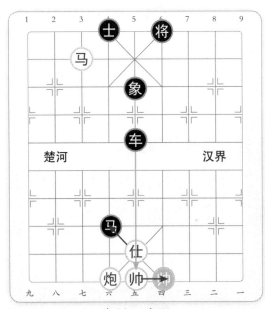

自杀示意图

提示

避将：把帅右移一格应将，就会造成帅与将面对面。棋规规定，当将与帅中间无棋子间隔时，不可位于同一条直线上，因此，把帅右移一格属于"自杀"行为。

吃子：用仕吃掉黑方的马，黑方就可以用车吃掉帅，也属于"自杀"行为。

4.5 象棋的胜负与和棋

在象棋对局中，最终的结果有胜负与和棋两种局势，以下我们详细列举胜负局势与和棋局势的各种情况。

4.5.1 胜负

在对局中，出现以下情况之一，己方为输，对方为赢：

1. 己方被对方"将死"，即己方面对"将军"无法"应将"；

2. 己方走棋后，形成"自杀"的局势；

3. 己方无子可走，即被"困毙"；

4. 己方对对方"长将"；

5. 己方提出认输请求；

6. 己方走棋为禁止着法，对方为允许着法，循环反复三次，应改变着法而不变，则判定己方输；

7. 违反比赛规则。

4.5.2 和棋

在对局中，出现以下情况之一，判为和棋：

1. 双方均无可能取胜的简单局势；

2. 一方提议作和，另一方表示同意；

3. 双方均为允许着法，且走棋出现三次循环，双方不变作和；

4. 双方均为禁止着法，且走棋出现三次循环，双方不变作和，注意，禁止着法中不包括一方为长将；

5. 符合自然限着的回合规定，即在连续60个回合中（也可根据比赛等级酌减），双方都没有吃过一个棋子。

第五章

象棋的基本杀法

5.1 导读小贴士

从本章开始，正文需在棋盘上演示双方行棋步骤，为了方便大家轻松阅读，小编在此先对图示内容做一些说明。

一是双方的行棋步骤标识。

双方行棋路线以圆表示起点，箭头指向终点，起点的圆以黑白两色区分双方行棋路线，并加以数字标识各回合；而箭头与定位点的组合表示双方下一着预想行棋路线，详情见下图。

① ➔ 表示红方第1回合行棋路线　　① ➔ 表示黑方第1回合行棋路线

② ➔ 表示红方第2回合行棋路线　　② ➔ 表示黑方第2回合行棋路线

③ ➔ 以此类推　　　　　　　　　　③ ➔ 以此类推

----➔ 表示下一着预想行棋路线

二是双方行棋步骤。

行棋示意图与棋谱记录相对应，如下图所示，行棋示意图中展示了双方前3回合的行棋步骤，以及双方下一着预期行走路线，棋谱记录则为双方行棋的详情。

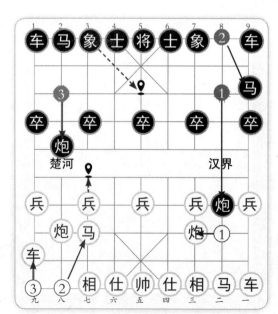

行棋示意图

回合	红方	黑方
1	炮二平三	炮8进4
2	马八进七	马8进9
3	车九进一	炮2进2

棋谱记录

5.2 入门级基础杀法

基础杀法是对战双方运用战术，通过运子把对方将死的着法。

5.2.1 对面笑

棋规规定，双方将、帅不能在棋盘的同一条直线上面对面，否则先占者得胜。

如右图所示，将与帅各占一路，将不可平移至6路，帅不可平移至五路，双方都可设法迫使对方的将（帅）面对己方的将（帅），以此取胜。

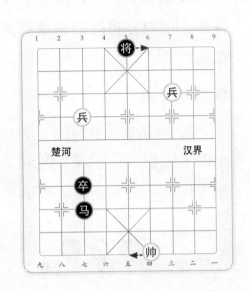

●**案例演示**

如下图所示，红方的帅独占中路，红方可设法迫使黑方的将行至五路，即可获胜；下一着红方走"兵三平四"将军，黑方便无法应将，如走"将6平5"，即对面笑，红方胜利。

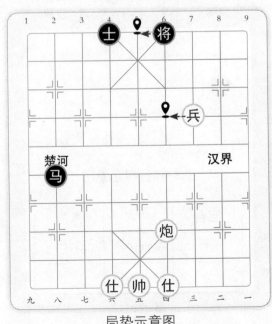

局势示意图

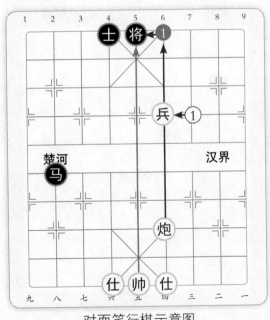

对面笑行棋示意图

5.2.2 双车错

在对局中，运用一车控制九宫的一条中线，另一车在与九宫中线平行的边线上将军，通过双车交替将军，把对方将死的杀法称为"双车错"。

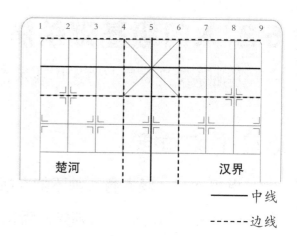

—— 中线

------ 边线

● 案例演示

如下图局势示意图所示，黑方4路的士为无根子，九宫的横向中线无棋子保护，宫顶线有炮阻拦；此时，红方可以用双车分别控制底线和底二线杀死黑方，详细步骤见双车错行棋示意图与棋谱记录。

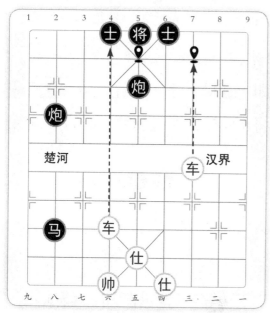

局势示意图

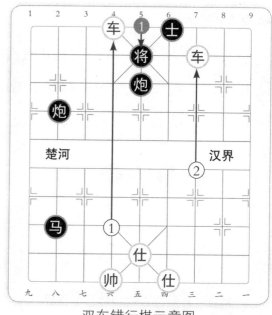

双车错行棋示意图

回合	红方	黑方
1	车六进七	将5进1
2	车三进四	

棋谱记录

5.2.3 双车胁士

　　一方以双车侵入对方九宫两肋后，再弃车强行杀士，构成杀局。

●案例演示

　　如下图局势示意图所示，黑方为单士，如红方把帅右移至四路，协助四路的车做杀，黑方必然会上士防护。面对此局势，红方可用双车和帅的配合杀死黑方，详细步骤见双车胁士行棋示意图与棋谱记录。

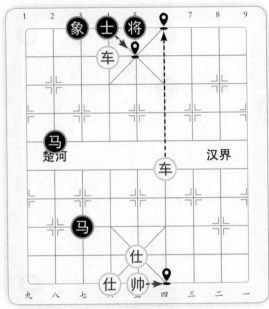

局势示意图

回合	红方	黑方
1	帅五平四	士4进5
2	车四进四	马2退3
3	车六平五	马3退5
4	车四进一	

棋谱记录

双车胁士行棋示意图

5.2.4 卧槽马

指一方的马跳到对方象（相）的起点位置前一格，构成杀局。

●案例演示

如下图局势示意图所示，红方走"马二进三"既可将军，又可吃对方的车，再加上车的配合即可杀死黑方，详细步骤见卧槽马行棋示意图与棋谱记录。

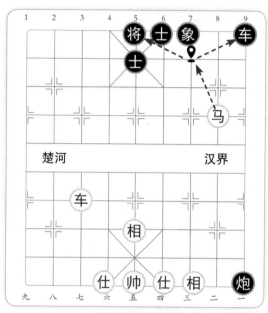

局势示意图

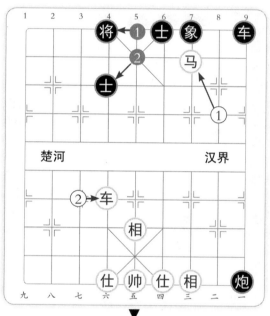

回合	红方	黑方
1	马二进三	将5平4
2	车七平六	士5进4
3	车六进四	

棋谱记录

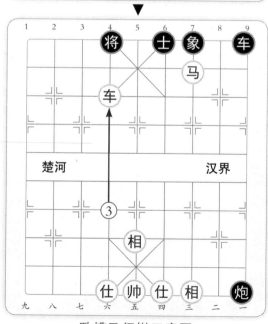

卧槽马行棋示意图

5.2.5 钓鱼马

指一方的马跳到对方象（相）的起点位置前两格，可控制对方九宫的两个交叉点，策应其他棋子构成杀局。

●案例演示

如下图局势示意图所示，红方下一着走"马八进七"，既可保护已方的炮，又可控制对方九宫的两个点，之后策应车和炮可杀死黑方，详细步骤见钓鱼马行棋示意图与棋谱记录。

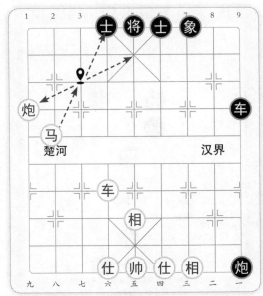

局势示意图

回合	红方	黑方
1	马八进七	车9退1
2	炮九进三	士4进5
3	车六进六	

棋谱记录

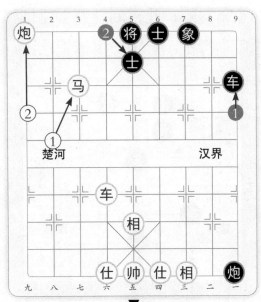

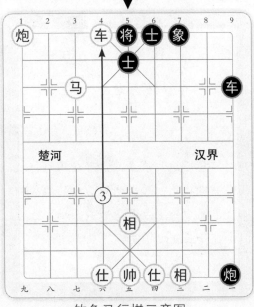

钓鱼马行棋示意图

5.2.6 马后炮

指一方的马与对方的将（帅）位于同一纵线或横线上，马与将（帅）中间隔一个交叉点，即在"日"字格同一侧，之后再将炮移至马的后方，便可构成杀局。

●案例演示

如下图局势示意图所示，红方下一着走"马九进八"，红方的马与黑方的将便位于"日"字格同一侧，此时，红方走"日"字格可控制将的上下两点；此棋局红方可将炮移至马的后方，构成杀局，详细步骤见马后炮行棋示意图与棋谱记录。

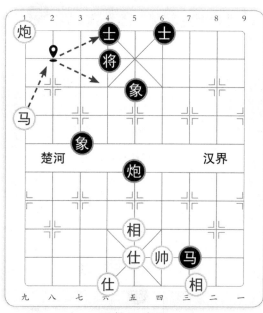

局势示意图

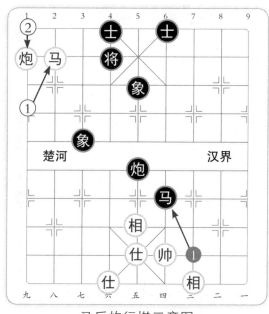

马后炮行棋示意图

> **提示**
> 应对"马后炮"杀法时，可在马与将之间叠一颗棋子，或者吃掉后方的炮；例如，上图中的黑方做马后炮杀局，红方可走"仕五进四"破解。

回合	红方	黑方
1	马九进八	马7退6
2	炮九退一	

棋谱记录

5.2.7 重炮

指一方的双炮在同一条纵线或横线上前后相呼应，前方的炮当炮架，后方的炮将军，或者前方的炮将军，后方的炮控制，这是一举获胜的杀法。

● 案例演示

如下图局势示意图所示，黑方的将被固定在中路，红方的双炮下一着走到中路就可杀死黑方，详细步骤见重跑行棋示意图与棋谱记录。

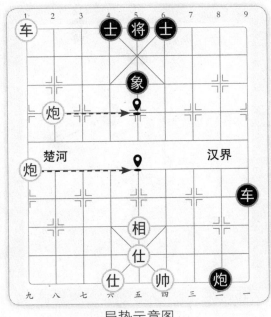

局势示意图

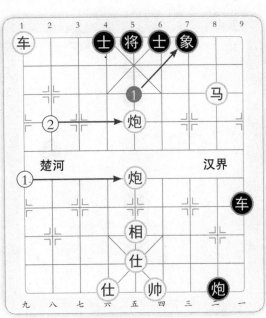

重炮行棋示意图

回合	红方	黑方
1	炮九平五	象5退7
2	炮八平五	

棋谱记录

5.2.8 铁门闩

指一方运用中炮控制对方的士（仕）和象（相），再用车或兵进到对方阵营的底线上对将（帅）发起攻击，并杀死对方的杀法。

●案例演示

如下图局势示意图所示，黑方的士和象齐全，且一侧的士与象支在中路，面对这种局面，红方可用炮控制中路的士和象，再进车至底线将死黑方，详细步骤见铁门闩行棋示意图与棋谱记录。

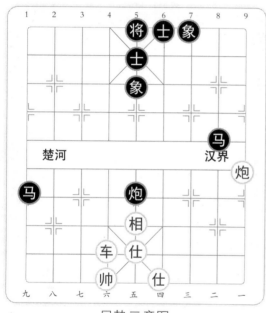

局势示意图

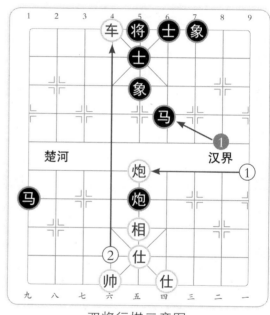

双将行棋示意图

回合	红方	黑方
1	炮一平五	马8退6
2	车六进九	

棋谱记录

5.2.9 二鬼拍门

　　指一方的双兵（卒）或者双车侵入对方九宫的肋道，分列对方中心士两侧，如若再有第三颗棋子辅助进攻，对方必败无疑。

●案例演示

　　如下图局势示意图所示，红方双兵位于黑方九宫中心两侧，是典型的二鬼拍门杀局，如再加上帅的辅助便可获胜，详细步骤见二鬼拍门行棋示意图与棋谱记录。

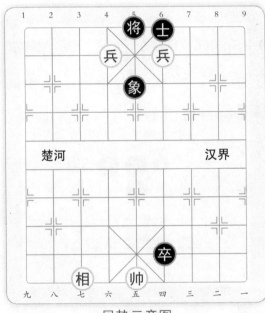

局势示意图

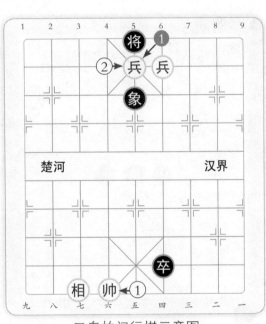

二鬼拍门行棋示意图

提示
第2回合杀中士时，必须用与将位于同一纵线的兵。

回合	红方	黑方
1	帅五平六	士6进5
2	兵六平五	

棋谱记录

5.3 进阶级基础杀法

当局势胶着时，棋手运用多颗棋子，两面夹击构造杀局，最终将对方将死的杀法，需棋手对象棋着法具有一定的了解。

5.3.1 闷宫

指一方的炮以对方的士为炮架对其将军，而对方的将（帅）因自己的双士阻碍无法应将，称为"闷宫"。

●**案例演示**

如下图局势示意图所示，黑方双士和将位于起始位置，黑方阵营无其他棋子护卫，如红方迫使黑方的士进5，让双士阻碍将的两条路线，红方可用一炮杀死黑方，详细步骤见闷宫行棋示意图与棋谱记录。

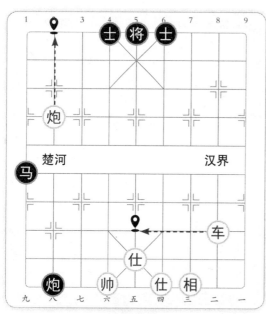

局势示意图

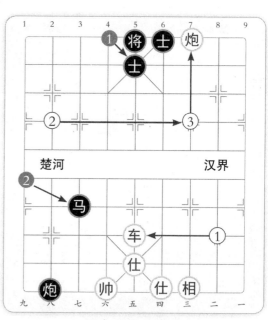

闷宫行棋示意图

回合	红方	黑方
1	车二平五	士4进5
2	炮八平三	马1进3
3	炮三进三	

棋谱记录

5.3.2 闷杀

　　指一方的炮以对方的棋子为炮架对其将军，而对方的将因自己的棋子阻碍而无法避开炮的将军，也无法撤开作为炮架的棋子，这种杀法称为"闷杀"。

●案例演示

　　如下图局势示意图所示，黑方的将可移动交叉点被其他棋子阻碍，如黑方的双士再被禁锢，无法用拆炮台来应将时，红方就可用单炮把黑方杀死，详细步骤见闷杀行棋示意图与棋谱记录。

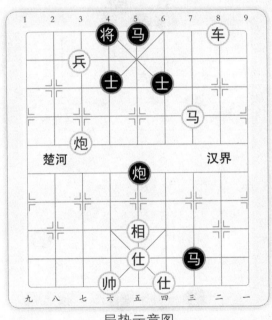

局势示意图

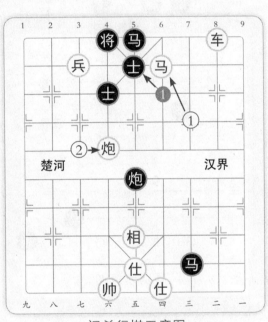

闷杀行棋示意图

回合	红方	黑方
1	马三进四	士6退5
2	炮七平六	

棋谱记录

5.3.3 双将

指一方运用多颗棋子，兵分两路对对方的将（帅）发起攻击，并杀死对方的杀法。

● 案例演示

如下图局势示意图所示，红方的车和炮可两面夹击，对黑方交替将军，并以双将的基础杀法将死黑方，详细步骤见双将行棋示意图与棋谱记录。

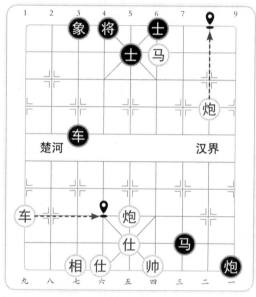

局势示意图

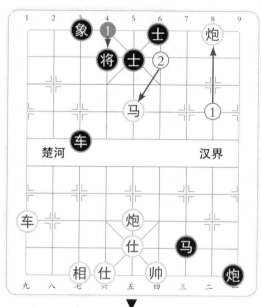

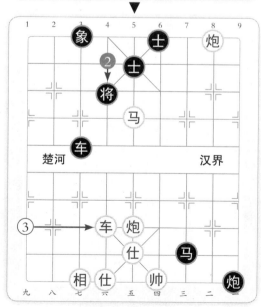

双将行棋示意图

回合	红方	黑方
1	炮二进三	将4进1
2	马四退五	将4进1
3	车九平六	

棋谱记录

5.3.4 大胆穿心

指一方车在其他棋子的协助下，一举杀掉对方中心士，再合力将死对方的杀法。

● 案例演示

如下图局势示意图所示，红方的炮和帅可协助车吃掉黑方的中心士，并且布成杀局，当前局势红方可用大胆穿心将死黑方，详细步骤见大胆穿心行棋示意图与棋谱记录。

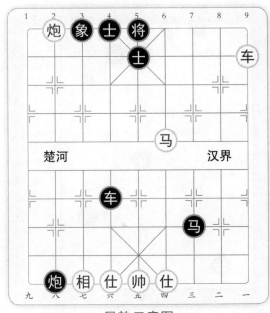

局势示意图

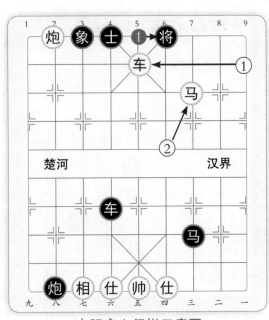

大胆穿心行棋示意图

回合	红方	黑方
1	车一平五	将5平6
2	马四进三	

棋谱记录

5.3.5 夹车炮

指一方的双炮和车集结在对方阵营一侧，双炮和车在底线、底二线、宫顶线上交替将军，从而将死对方的杀法。

● 案例演示

如下图局势示意图所示，红方的双炮与车都在一侧，且黑方的将在这一侧无其他棋子防护，面对这种局面，红方可用夹车炮将死黑方，详细步骤见夹车炮行棋示意图与棋谱记录。

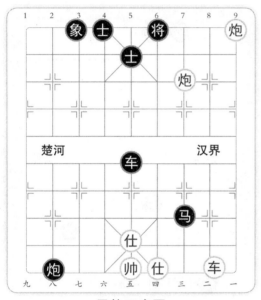

局势示意图

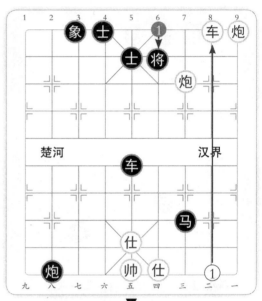

回合	红方	黑方
1	车二进九	将6进1
2	车二退一	将6进1
3	炮一退二	

棋谱记录

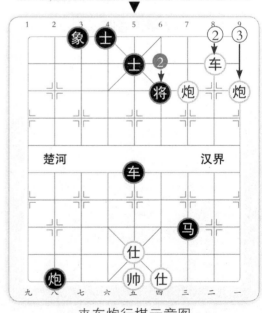

夹车炮行棋示意图

5.3.6 海底捞月

　　指棋局结尾时，一方除主帅外还剩一车、一炮，另一方除主帅外只剩一车，有炮的一方主帅和车占据中路，再把炮移至将（帅）后方打跑对方守肋的车，以将死对方。

● 案例演示

　　如下图局势示意图所示，双方主帅位于中路，且剩下一车、一炮，黑方只有一车，面对这种局面，红方可用海底捞月将死黑方，详细步骤见海底捞月行棋示意图与棋谱记录。

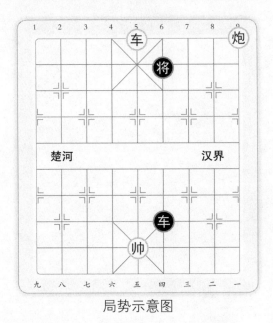

局势示意图

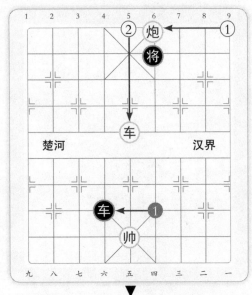

回合	红方	黑方
1	炮一平四	车6平4
2	车五退四	将6退1
3	车五平四	

棋谱记录

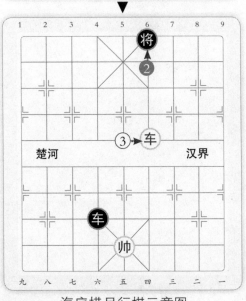

海底捞月行棋示意图

第六章

象棋开局的布局

6.1 开局原理和三大原则

开局是一局棋的开始阶段，是全盘的基础，是双方棋子的排兵布阵，又称布局。

6.1.1 开局原理

开局是指双方棋子由原位出动，且形成基础的阵型部署。

开局与中局并无明显的界限，依据经验来看，有以下两点判断依据。

◆ 开局的特征

●从已出动的子力数量来看

当车、马、炮六颗强力棋子已出动四至五颗，且相和兵等弱子都可走动时，说明开局阵型部署完成。

●从已出动的兵种和阵型来看

已出动的棋子为棋盘两翼的棋子，且兵种协调形成了阵型部署。

●从对弈双方的棋子来看

当双方的棋子已初步接触，进入了对战阶段，则开局结束，进入中局。

◆ 开局的着数

六颗强子出动最少需6着，主力兵种多走1至2着，约为8着；再加上走动一颗或二颗兵（卒），因此，一盘棋的排兵布阵，一般是在10～15回合结束。

6.1.2 开局原则

一个好的开局，可让己方进入一个好的中局局面，甚至可决定双方的胜负，因此，好的开局至关重要，以下我们先来介绍开局的原则。

◆ 快速出动六大强子

车、马、炮三类强子属于进攻型子力，在开局阶段需尽快出动这些子力。在这个阶段需注意避免重复走动某一颗棋子，也不要在开局阶段就用一两颗棋子盲目进攻。

如下图所示，红方前3回合重复走动一车，且盲目进攻，当黑方中炮攻击中兵时，以及黑方走"炮2进2"做杀时，不注重构筑防御，导致黑方下一着走"炮2平5"，即以重炮的基础杀法取胜。

回合	红方	黑方
1	车一进一	炮8平5
2	车一平四	炮2进2
3	车四进五	炮5进4

棋谱记录

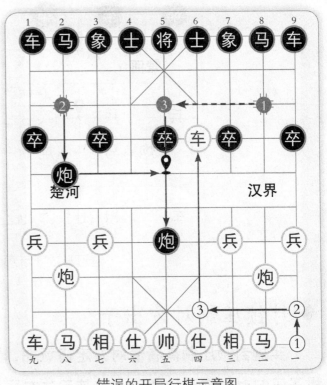

错误的开局行棋示意图

◆ 抢占重要的位置

河界和肋道是攻守兼备，且子路通畅的位置，因此，开局阶段这些位置是必争之地。例如，棋子在河界位置时，进可抢先发起有利于己方的进攻，守可快速调动中心棋子向两翼坚守。

如下图所示，红方的马位于己方河界线上，此时，马下一着可走"马四进三"或"马四进五"主动攻击，也可走"马四进六"或"马四退六"防御黑方的车移动到河界或兵行线上。

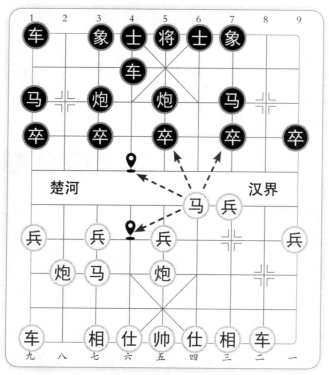

巡河马攻守示意图

◆ 封锁压制对方出子

实施封锁压制需看懂对方走棋意图，预判对方下一着走棋，用己方棋子压制对方棋子的活动，使其无法布局。

如右图所示，红方走"炮八平五"对黑方中路构成威胁，面对此局面，黑方走"马8进7"保护中路的卒。

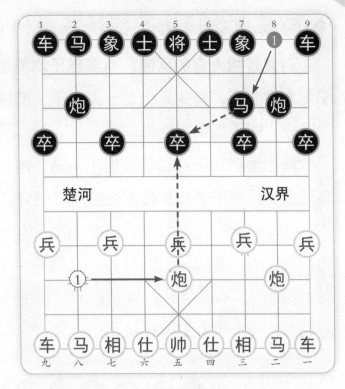

◆ 拓展己方棋子的活动空间

拓展活动空间是在构建己方的防御工事的同时，把握时机，派遣己方棋子越过河界，杀入对方阵营，拓展己方棋子的活动空间。

如右图所示，红方走"炮三进三"发起进攻，可为这一侧的马和车拓展活动空间。

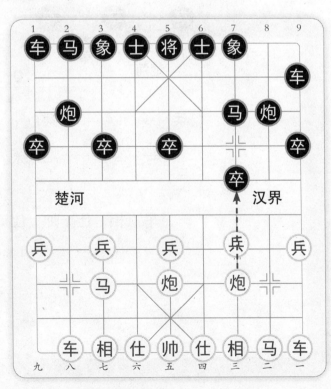

◆ 两翼出子均衡，保持阵型协调和子路通畅

两翼是指九宫的两侧，两翼出子均衡是指开局阶段，九宫两侧的棋子需左右照应，避免只出动一侧棋子，使棋子互不照应，无法配合进攻和防守，即阵型出现空当。

阵型协调和子路通畅是指车、马、炮的活动路线通畅，不互相干扰和阻塞，且棋子之间互相配合进攻和防守。

如下图所示，红方两翼棋子出子均匀，棋子之间相互照应，车、马、炮的活动路线畅通；黑方只出动了一侧棋子，且马需保护中路的卒和8路的炮，不可移动；当红方下一着走"马三进四"时，便可威胁黑方的车，先于黑方发起攻势。

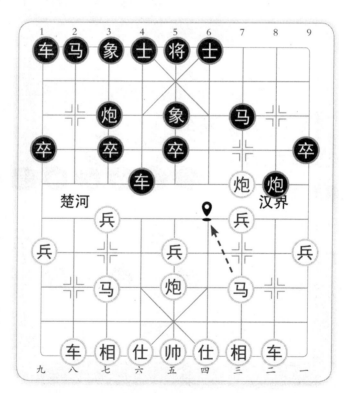

6.2 常见的开局

常见的开局种类有炮类、马类、兵类和相类四种。

炮类 主要有当头炮、士角炮、过宫炮、金钩炮。

马类 主要有起马局和边马局。

兵类 主要有仙人指路和九尾龟。

相类 主要有飞相局。

6.2.1 当头炮

当头炮也称"中炮",是指开局第一着走"炮二平五"或"炮八平五",将炮放到中线,是一种进攻型开局。

◆ 开局分析

这种开局的优点是炮直接对准对方中卒,并对老将构成威胁,使对方不得不采取措施保中卒;缺点是无法飞相,两相无法首尾相连,容易被逐一击破。

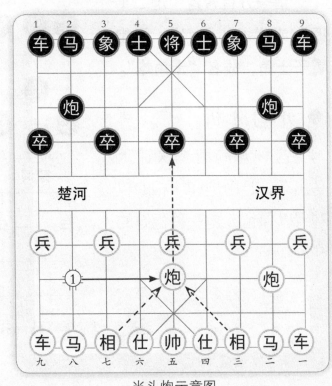

当头炮示意图

◆ 应对之策

应对当头炮开局需派遣兵力保护中卒，最常见的应对方法为"马2进3"或"马8进7"，即以起马局应对当头炮，以马保护中卒。

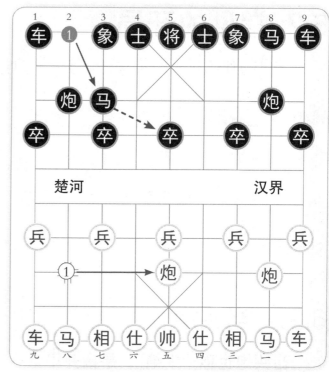

起马局 vs 当头炮

6.2.2 士角炮

指一方首着走"炮二平四"或"炮八平六"，因炮置于士角，故名"士角炮"。

◆ 开局分析

这种开局利于快速上马出车，且中炮和飞相的权利得以保留，是一种稳健的开局。

提示
红方之后走"马八进七"和"车九平八"便可快速出动强子。

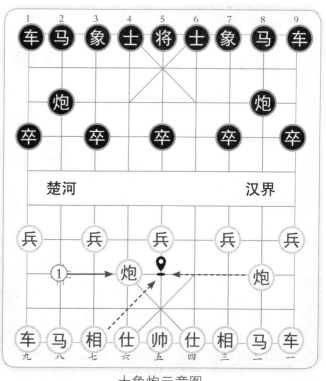

士角炮示意图

◆ 应对之策

红方以士角炮开局时，黑方应走3路或7路的卒，即以仙人指路应对士角炮；**注意，如红方走八路的炮，黑方走3路的卒，即走同一侧的卒。** 如右图所示，黑方走"卒3进1"后，抢先占领河界线，既为2路的马开路，又压制了红方七路的兵和八路的马走到河界线。

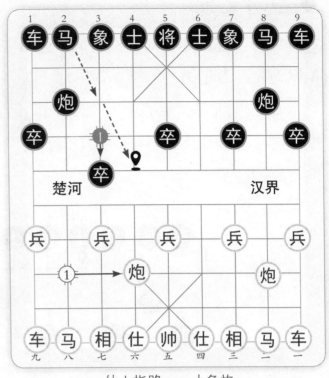

仙人指路 vs 士角炮

6.2.3 过宫炮

指一方首着走"炮二平六"或"炮八平四"，因炮经过将（帅）的中宫而得名。

◆ 开局分析

这种开局优点是利于己方起马后快速出车，但若运用不当，会造成己方阵型不畅，棋子之间相互阻塞。

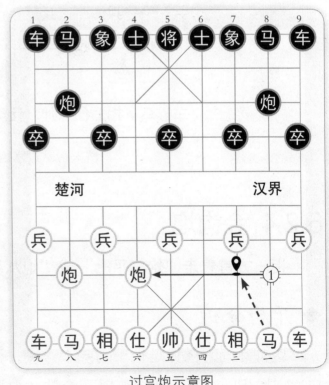

过宫炮示意图

◆ 应对之策

红方以过宫炮开局，目的是快速出动一侧的马和车，黑方的应对之策以迫使红方走另一侧棋子为目标。

如下图所示，黑方走"车9进1"后，下一着可移至4路攻击过宫炮，红方需上八路的马布局担子炮，使两炮互保，这便破坏了红方在一侧布局的意图。

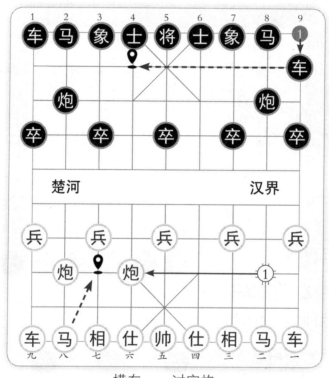

横车 vs 过宫炮

6.2.4 金钩炮

指一方首着走"炮二平七"或"炮八平三"。

◆ 开局分析

这种开局的优势是把子力归于一侧，在一侧造成凶猛的攻势，缺点与过宫炮相同，在运用不当时，会造成自己的棋子相互阻塞。

如右图所示，红方"炮二平七"后，八路的马只可走"马八进九"，九路的车需先进一，再横走至四才能保持子路畅通。

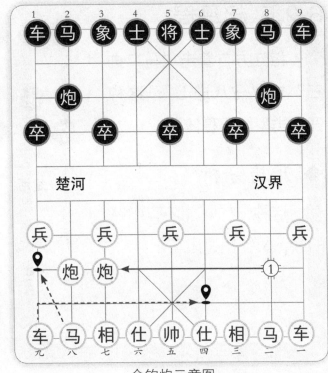

金钩炮示意图

◆ 应对之策

如红方以金钩炮开局，黑方可采用当头炮应对。如右图所示，黑方走"炮8平5"对红方中路发起攻势，如红方下一着走"马二进三"防护中兵，便被黑方的炮牵制。

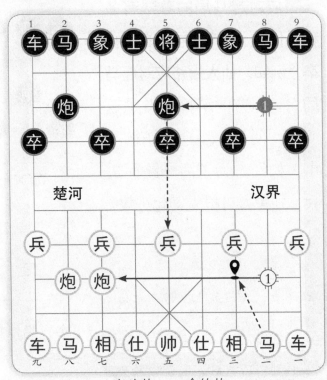

当头炮 vs 金钩炮

6.2.5 起马局

指红方首着走"马二进三"或"马八进七",这种开局类型属于稳健型。

◆ 开局分析

这种开局既能防守中路的兵,又能快速出车。

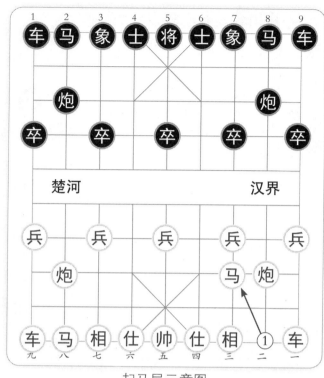

起马局示意图

◆ 应对之策

应对起马局的着法有多种,但最为有效的着法为挺卒,例如,仙人指路应对起马局。当黑方的卒抢先占领巡河线,便先一步建立防御工事,如红方为了活马路而进兵,则黑方可抢先发起进攻。

提示

黑方走"卒7进1"后,红方想让马走到巡河线上,需先把前兵进一,不然就会蹩马腿;然而红兵进一,黑卒可吃子,红马再到巡河线时,又会被黑卒吃掉。

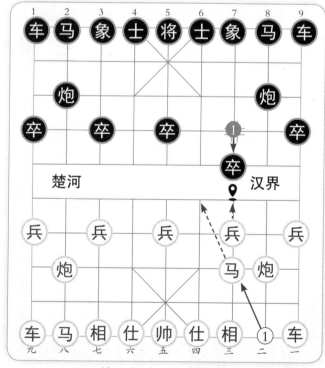

仙人指路 vs 起马局

6.2.6 边马局

指红方首着走"马二进一"或"马八进九"，这是一种比较平淡的开局。

◆ 开局分析

这种开局的优势是加快车和炮的推进速度。

◆ 应对之策

应对边马局最有效的着法为挺边卒，原理与起马局相同。

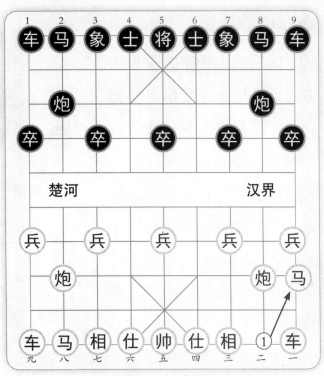

边马局示意图

6.2.7 仙人指路

又称"进兵局"，指红方首着走"兵三进一"或"兵七进一"。

◆ 开局分析

这种开局着法可为马开路，也可试探对方的棋路。

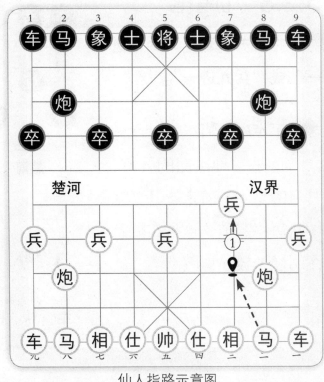

仙人指路示意图

◆ 应对之策

应对仙人指路的常见着法有兵底炮（卒底炮）和当头炮，以卒底炮对仙人指路为例，如红方进七路的兵，黑方则走"炮2平3"发起攻势；红方的应对方法有飞相保护小兵，同时守住巡河线；以及放弃小兵和巡河线，依旧上马。

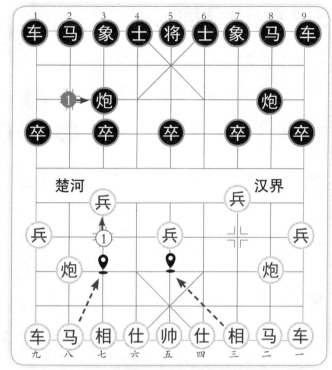

卒底炮 vs 仙人指路

6.2.8 九尾龟

指红方首着走"兵一进一"或"兵九进一"。

◆ 开局分析

这是一种冷门的开局，其目的是下一着走边马，意图从边路突破，这种布局意图明显，极易识破。

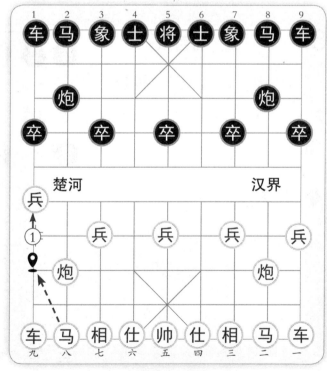

九尾龟示意图

◆ 应对之策

面对九尾龟的开局，黑方可用当头炮应对。如右图所示，黑方走"炮2平5"发起攻势，红方下一着要么架起中炮，要么上马保护中路的兵。

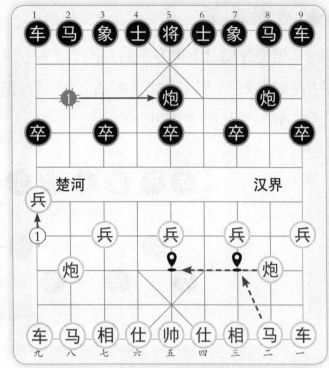

当头炮 vs 九尾龟

6.2.9 飞相局

指红方首着走"相三进五"或"相七进五"。

◆ 开局分析

这种开局先建立己方阵营的防御工事，再伺机进行反击，是一种比较稳当的开局。

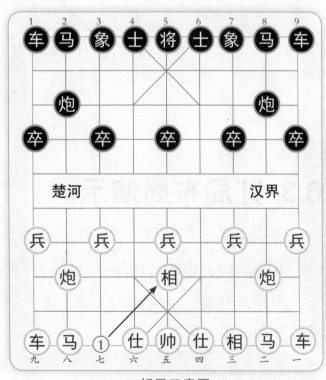

飞相局示意图

◆ 应对之策

相类开局对于黑方来讲是没有威胁力的，因此，用当头炮、士角炮、过宫炮应对都可以。如下图所示，黑方走"炮8平6"后，左侧的路线就畅通了，可加快马和车的出动。

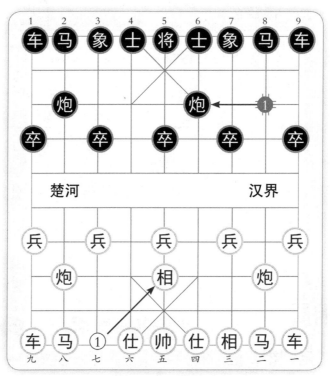

士角炮 vs 飞相局

6.3 开局布局演示

象棋走棋分先手和后手，红方为先手，黑方为后手。

开局阶段，炮的行棋路线最活，且是前期唯一可远程发起进攻的棋子，因此，炮类为主流开局，接下来我们以炮类开局为例，分别演示先手开局和后手开局。

6.3.1 先手开局

红方以当头炮开局时，黑方可上马保卒或补厚中路；如下图所示，黑方走"炮8平5"或"马2进3"便是两种主流应对之策。

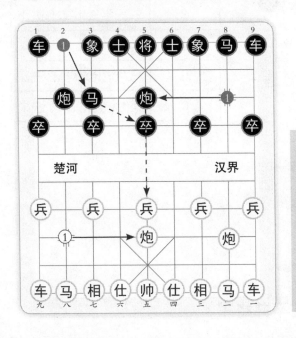

提示

当红方走中炮后，黑方走同一方向的中炮，称为"顺手炮"，例如，炮二平五、炮8平5，或炮八平五、炮2平5；如黑方走另一方向的中炮，称为"列手炮"。

◆ 行棋演示

前文我们已分析起马局应对当头炮的行棋思路，为了避免内容重复，接下来我们演示顺炮局，分析此类开局的行棋思路。

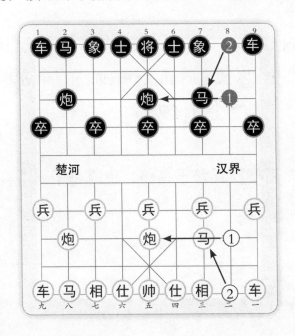

回合	红方	黑方
1	炮二平五	炮8平5
2	马二进三	马8进7

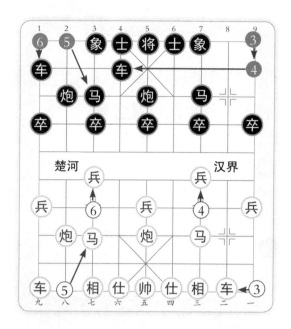

回合	红方	黑方
3	车一平二	车9进1
4	兵三进一	车9平4
5	马八进七	马2进3
6	兵七进一	车1进1

◆ 行棋分析

● 红方第2回合为何不以中炮吃卒并将军

如红方第2回合走"炮五进四"吃卒并将军，黑方可进士再上马抓炮，红方便会失去先手的优势，因此，前期炮不可盲目进攻，需将炮留在自己的阵营牵制对方。

● 出车的战略"直车缓，横车急"

车平一为直车，进一为横车，直车占领一条通畅的纵线，可伺机而动；横车则不同，需迅速占领肋道，以便之后进攻；故而黑方车进1后急忙平4，占领肋道，而红方车平一后便不再行动。

● 出马的战略"出马需活马"

"马二进三"或"马八进七"后便被兵蹩了马腿，也就是子路不畅，需考虑抢进三路和七路的兵。

6.3.2 后手开局

　　黑方作为后手开局，可运用中炮应对红方的士角炮和过宫炮开局。接下来我们以中炮对士角炮为例，讲解后手开局行棋思路。

◆ 行棋演示

　　黑方应对士角炮，一般用相反方向的中炮，其目的是牵制对方出动强子。

　　如下图所示，红方"炮二平四"士角炮开局，黑方以相反方向的中炮应对。

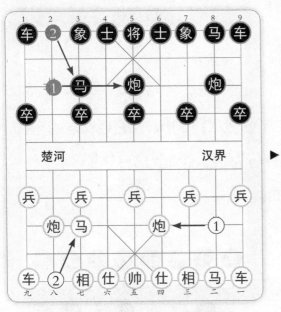

回合	红方	黑方
1	炮二平四	炮2平5
2	马八进七	马2进3
3	车九平八	车1平2
4	马二进三	马8进9

提示

黑方应对过宫炮，一般用相同方向的中炮，其目的是牵制红方一侧的子力，造成其子力拥堵。

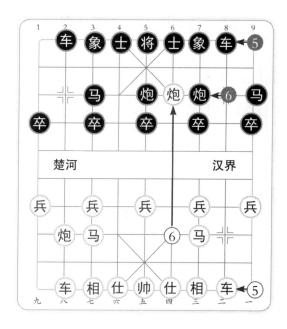

回合	红方	黑方
5	车一平二	车9平8
6	炮四进五	炮8平7

◆ 行棋分析

● 黑方各回合行棋目的

第3回合走"车1平2"牵制红方平移八路的炮,亮出八路的车。

第5回合走"车9平8"以9路的马为根,牵制红方的直车。

第6回合的形成双方兑子的局面。

● 中炮方向的选择

如果黑方以同一方向的中炮去应对士角炮,则不能在第3回合牵制红方,如右图所示,三回合后黑方的优势为直车,但直车对红方不造成威胁。

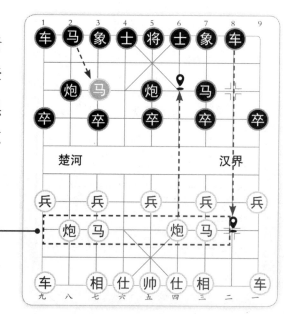

提示

假设黑方走"马2进3",红方便走"炮四进五",即可吃马或炮,且黑方2路的车也不可进7提马,红方可走"炮八平二"吃车。

象棋中局的战术

7.1 中局原理

从阵型部署准备就绪至双方棋子所剩无几的对战阶段为中局。

中局分前中局和后中局，如下图所示，双方六大强子均已出动，攻守阵型部署就绪，当前局面为前中局阶段。

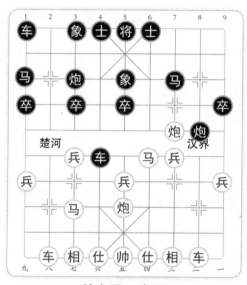

前中局示意图

如下图所示，双方经过拼杀，红方丢失双车一炮和三兵；黑方丢失一车双炮和两卒，局势逐渐明朗，当前局面为后中局阶段。

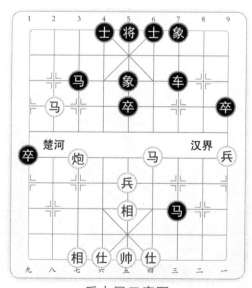

后中局示意图

7.2 中局审局和战略

到了中局阶段，棋手需对当前棋局进行综合分析与判断，也就是我们说的审局，通过审局对之后行棋制定方案。

7.2.1 审视棋局形势

审局可从以下三个方面对棋局进行客观的形势判断。

◆ 对比双方子力价值

对比双方子力价值时需从基础价值和变动价值两方面衡量。

如下图所示，红方与黑方除三颗强子外，其他子力相等，而到了后中局阶段，马因子路畅通价值增长，而炮因炮架减少而降低，由此对比，黑方在子力上占优。

车 炮 马　相 相 仕 仕　兵 兵 兵

车 马 马　象 象 士 士　卒 卒 卒

◆ 对比双方子力结构

中局阶段如双方子力价值相同，但兵种结构不同时，其子力对比是不同的。如缺相怕炮，缺仕怕马，或者双方仕相齐全时，车马炮略优于双车，车马炮优于车双马和车双炮。

车 马 炮 > 车 车　车 马 炮 > 车 马 马

车 马 炮 > 车 炮 炮

◆ 对比双方子路

中局对战阶段，子路是否通畅，子力是否可相互配合，协调作战，也尤其重要。

如右图所示，双方都损失一炮，子力相等；但黑方双车子路受阻，双马子路不畅，且棋子之间并未相互配合；而红方的车、马、炮子路通畅，且马为中兵、炮、车的根，它们可相互配合，因此，当前红方占优势。

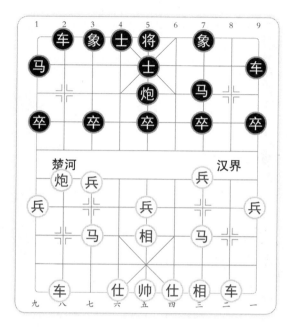

◆ 对比双方阵型

当阵型有缺陷时，也就是攻守无法兼备，对方便可优先进攻，在速度上占优，最终获胜。

如右图所示，黑方士象齐全，且多一马，但由于红方的沉底炮牵制了黑方的马和象，使其不仅丧失战力，黑方的阵型缺陷导致其局势处于劣势。

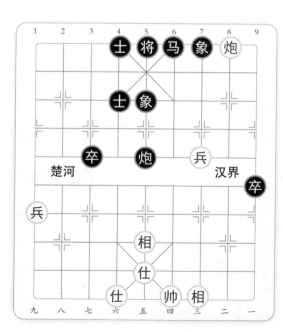

7.2.2 制定战略

通过以上审视棋局形势的学习，我们大体可将棋局形势分为优势、均势和劣势三种，面对不同的局势需制定不同的战略。

◆ 优势局面的战略

保持局势的同时，提升子力的配合，谋取对方的子力，在子力价值和子力对比上占优，从而扩大优势。

◆ 均势局面的战略

均势的局面需通过运子，抢先使子力畅通、子力协调，使己方子力在位置上占优，从而使局面向优势转化。

◆ 劣势局面的战略

面对劣势局面，棋手需通过运子、谋子、兑子、弃子战术，扭转局面。例如，通过兑子使局面转向均势。

7.3 中局的战术

中局阶段双方对局最为激烈，先手方巧用各种战术力求扩大先手优势，后手方则使用各种战术争取并先或反先，**这些战术大致可分为运子战术、谋子战术、兑子战术和弃子战术四大体系。**

双方运用这些战术的目的有争夺先手、取得攻势、部署杀局、谋求和局等目的；而实现这些战术有抽将、顿挫、牵制、照将、封锁、围困、拦截、腾挪、闪击等近20种战术手段。

运子战术和谋子战术贯穿全局，兑子战术和弃子战术多以达到某特定目的而实施；以下我们从战术手段讲解运子战术和谋子战术，从战术目的讲解兑子战术和弃子战术。

7.3.1 运子战术

运子战术是有计划地将车、马、炮、兵（卒）等棋子从一个交叉点调运到另一个交叉点，以达到占领要点、控制要线、加强防守、巩固防御等目的。

◆ 审视棋局

如下图所示，红方的中炮牵制黑方中路的炮和士，且"炮四平三"后叫杀，如黑方抓到机会走"车4进5"赶走中炮，则红方的局面处于劣势。

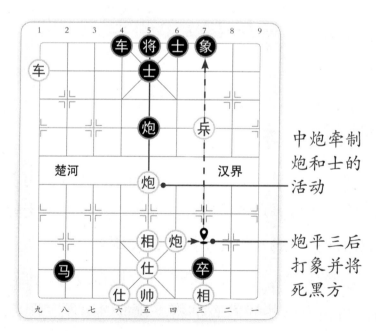

中炮牵制
炮和士的
活动

炮平三后
打象并将
死黑方

◆ 战术手段

面对当前局面，红方需运用顿挫手段抢夺先手，扭转局面。

"顿挫"是指一方通过将军再捉子，或者通过连续将军捉子的手段，迫使对方将棋子离位，或者走到对己方有利的位置上，从而达到抢先、得子、取胜的目的。

详细行棋步骤见下图展示的棋谱记录及顿挫行棋示意图。

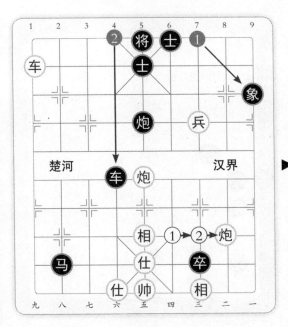 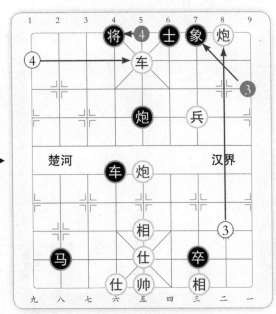

顿挫行棋示意图

回合	红方	黑方
1	炮四平三	象7进9
2	炮三平二	车4进5
3	炮二进七	象9退7
4	车九平五	将5平4

棋谱记录

分析

1. 红方第1回合"炮四平三"迫使黑方把7路的象离位。

2. 红方第2回合"炮三平二"意图下一着进七将军。

3. 红方第3回合"炮八进七"迫使黑方把9路的象退回7路，从而牵制黑方底线上的象和士的活动，让红方下一着平车吃中士。

7.3.2 谋子战术

　　谋子战术是通过一颗棋子或多颗棋子配合，运用闪击、串打、围困等手段，谋吃对方的重要棋子，从而使己方局面扭转为优势局面。注意，运用谋子战术时不能应得子而失去先手优势，否则就违背了运用这一战术的目的。

◆ 审视棋局

　　如下图所示，黑方的炮、车和卒位于同一横线的一侧，且另一侧无子力防护，在阵型上有着明显缺陷；而红方的炮退四后便可强制这三颗棋子。

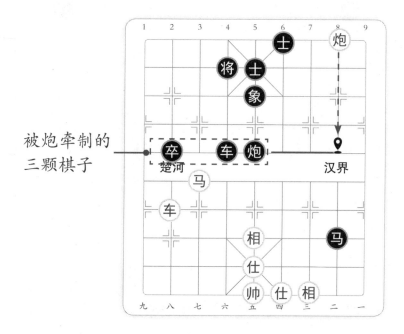

被炮牵制的
三颗棋子

◆ 战术手段

　　面对当前局面，红方应采用串打谋得对方的棋子，从而在子力上谋得优势。

　　"串打"是指一方用车、炮两种直线活动的棋子，牵制对方处于同一直线的两颗至三颗棋子，再调动其他棋子发动攻击，从而谋得对方棋子的手段。

详细行棋步骤见下图展示的棋谱记录及串打行棋示意图。

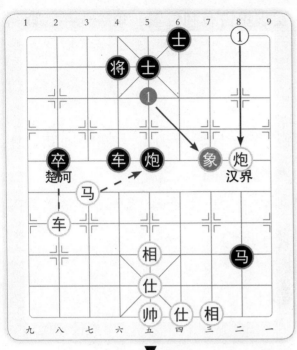

回合	红方	黑方
1	炮二退四	象5进7
2	马七进五	马8进9
3	车八平三	

棋谱记录

分析

1. 红方第1回合走"炮二退四"即部署成功串打布局，以二路的炮牵制黑方炮、车和卒；如黑方走炮，红方以炮打卒，如黑方走车，红方以马打炮；因此，黑方进象阻拦，但仍未摆脱串打布局。

2. 红方第2回合走"马七进五"吃炮得子，且依旧形成一个串打布局；如黑方移动车，红方进车吃卒，且下一着进炮再进车将死黑方；移动象则失一车，因此，只能进马，意图以"卧槽马"的基础杀法将死红方。

3. 红方第3回合走"车八平三"压制黑方退马部署杀局，且再次形成串打，下一着进车吃象。

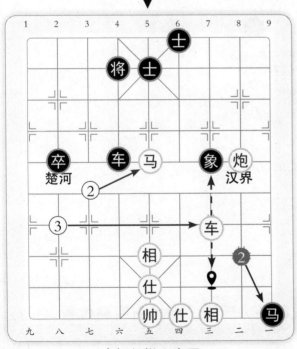

串打行棋示意图

7.3.3 兑子战术

兑子战术是通过子力的交换，实现抢占有利位置、争夺先手、取得攻势、成杀入局的目的。

◆ 审视棋局

如下图所示，当前棋局处于前中局阶段，双方处于均势局面，作为先手的红方，当前作战战略是扭转均势局面。

为了争夺优势，红方可采用兑子战术，可走"炮五平四"邀黑方以炮换炮，通过兑子取得优势，即"兑子取势"。

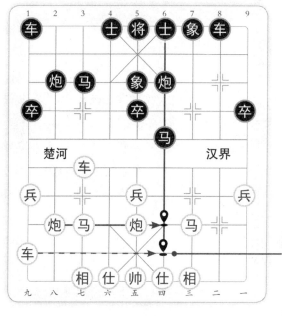

兑子之后，红方平车至四路，形成串打布局，红方意图利用这一漏洞，黑方如未察觉，便会陷入劣势。

◆ 兑子取势

兑子取势是通过兑换子力，改善子力部署，即抢占有利位置，造成有利于己方攻杀的局面。

详细行棋步骤见下页图展示的棋谱记录及兑子取势行棋示意图。

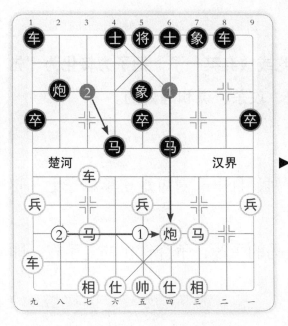

回合	红方	黑方
1	炮五平四	炮6进5
2	炮八平四	马3进4
3	炮四进七	车8进7
4	车九平六	车8平7
5	车六进四	马6退7
6	炮四退一	

棋谱记录

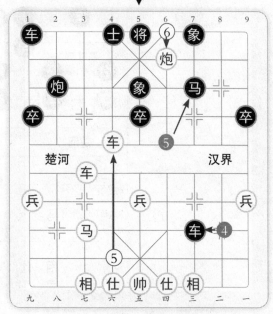

兑子取势行棋示意图

分析

1. 第1~2回合，红方邀兑，黑方应邀兑炮后，黑方的6路便成了阵型漏洞，但其未发觉，未走开6路的马。

2. 第3回合，红方立即炮轰底士，如黑方第3回合改走"将5平6"，红方便可走"车九平四"形成一个串打，之后的局势红方更占优。

3. 第4回合，红方走"车九平六"继续邀兑，保持局面优势。

4. 第5回合双方各兑一马，局势扭转，红方在棋子种类以及棋子位置都占优。

7.3.4 弃子战术

弃子战术是指一方通过主动喂吃或放弃某一子，把子力转化为"先手""攻势"等，以达到争先、取势、攻杀、谋和等目的。

◆ 审视棋局

如下图所示，红方车和炮已过河，且下一着可走"车八平七"吃卒捉马，扩大先手优势。

面对当前局势，黑方可采用弃马的手段，争夺行棋的先手权，即"弃子争先"。

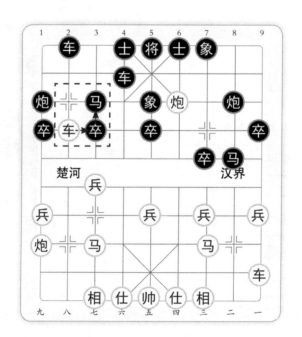

◆ 弃子争先

弃子争先是指一方以弃子为手段，争夺行棋的先手和进攻的主动权。

详细行棋步骤见下图展示的棋谱记录及弃子争先行棋示意图。

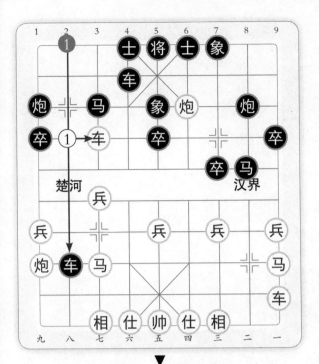

回合	红方	黑方
1	车八平七	车2进7
2	车七进一	炮1进4

棋谱记录

分析

1. 第1回合红方走"车八平七"吃卒捉马，黑方走"车2进7"邀红方兑马。

2. 第2回合红方走"车七进一"兑马，黑方走"炮1进4"吃兵，以弃马为代价，让己方的子力位置占优。

3. 当前局面黑方的车捉红方的马，如红方移动马，只能移动到九宫中心，黑方"车2进2"后可牵制相和仕，取得行棋的主动权。

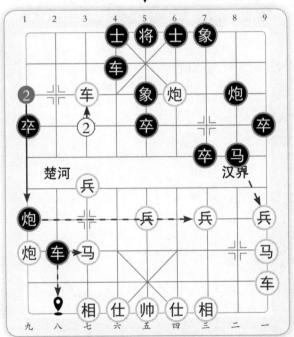

弃子争先行棋示意图

第八章

象棋残局的定式

8.1 残局原理

残局是双方对弈最终分出胜、负、和的阶段，残局的定型有两个特征可循，以下我们分别说明。

◆ 特征1：双方子力

由中局进入残局，双方往往经历了激烈的厮杀，双方子力严重耗损，当单方的六大强子损失一半时，例如，有车的一方强子在两颗以内，无车的一方强子在三颗以内，便进入残局。

◆ 特征2：双方局势

在中局阶段双方运用各种战术争夺先手、优势等，一般经历拼杀后，双方的局势优劣已逐渐明朗，当分出优势、劣势或均势后，便可依据双方局势对比，大体判断最终的胜、负、和。

8.2 兵类残局定式杀法

在学习兵类残局定式杀法前，我们先回忆一下高兵、低兵和底兵的概念，对于红方来讲，高兵即位于骑河线和卒林线上的过河兵，低兵即位于对方阵营宫顶线和宫二线上的兵，底兵即步入对方阵营宫底线的兵。

8.2.1 高低兵vs双象

一般高低兵对双象的残局为**必胜局**，取胜的关键是双兵控制两肋，再以主帅协助双兵将黑方困毙。

◆ 残局分析

如右图所示，红方除主帅以外剩一高兵和一低兵；黑方除主将以外剩双象，当前局势对于红方来讲为胜局。

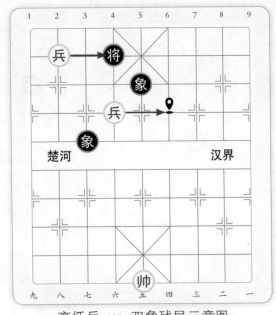

高低兵 vs 双象残局示意图

◆ 定式杀法

红方取胜要点为让双兵控制两肋，便可取胜，我们来演示一下红方取胜的行棋步骤。

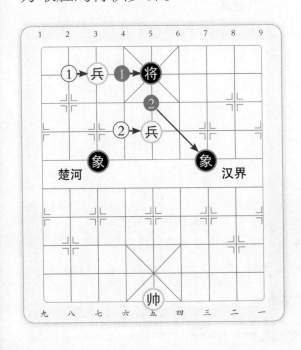

回合	红方	黑方
1	兵八平七	将4平5
2	兵六平五	象5进7

分析

注意，红方的双兵在到达肋道之前不要下移，需平移保持双兵优势。

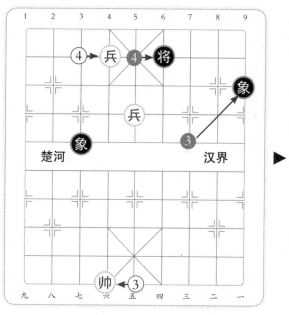

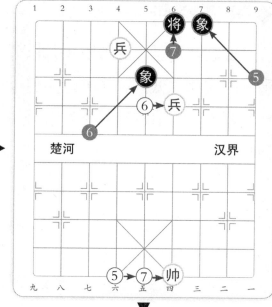

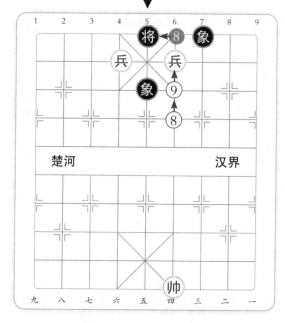

回合	红方	黑方
3	帅五平六	象7退9
4	兵七平六	将5平6
5	帅六平五	象9退7
6	兵五平四	象3退5
7	帅五平四	将6退1
8	兵四进一	将6平5
9	兵四进一	

分析

第3～4回合走棋思路，低兵控制距离最近的肋道，且平移至肋道前需先有根，防止黑方的将吃兵，因此需先平帅至六路，再平兵至六路，让帅作为兵的根。

第5～7回合走棋思路，高兵平移至另一条肋道，同理，在进兵捉将前，就需先平帅至高兵所在肋道，再进兵捉将，防止黑方进将吃兵。

第8～9回合走棋思路，高兵有帅为根，直接进一，将黑方困毙。

8.2.2 高兵 vs 单士

一般单兵对单士为和棋，但也有巧胜的机会，取胜的关键是主帅与兵各控制一条肋道。

◆ 残局分析

如右图所示，红方剩一高兵和主帅，黑方剩主将和单士，这种局势黑方可取得和局，红方也可巧胜。

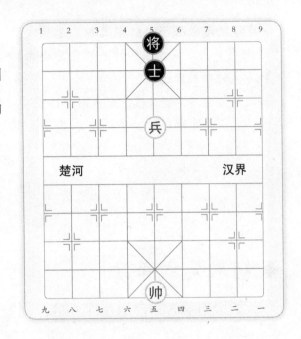

◆ 谋和定式杀法

黑方谋和的关键步骤在第3回合，我们来演示一下黑方谋和的行棋步骤。

回合	红方	黑方
1	兵五进一	士5退6
2	帅五平六	士6进5

分析

第1回合走棋思路，红方进兵捉士，黑方退士。

第2回合走棋思路，红方必须平帅至六路独占一条肋道，为平兵至四路做准备。

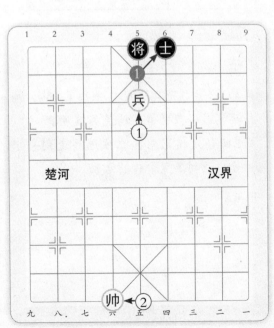

回合	红方	黑方
3	帅六进一	士5退4

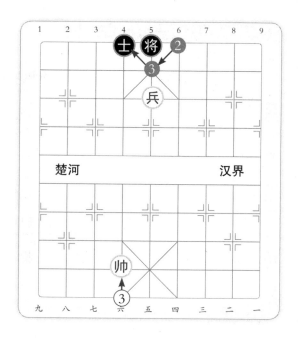

分析

第3回合走棋思路，红方进帅，等黑方退士再平兵，黑方谋和的关键是退士至红方主帅所在肋道。

如之后红方平兵至4路，黑方则平将至6路，红方便不能以兵四进一将死黑方。

◆ 巧胜定式杀法

如黑方第3回合退士至6路，则红方便可取胜，行棋步骤如下图所示。

回合	红方	黑方
4	兵五平四	士6进5
5	兵四进一	士5进4

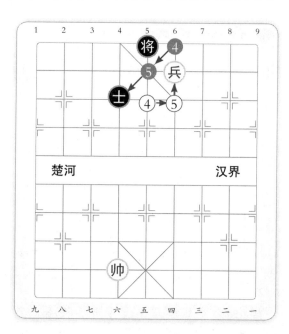

分析

第4回合走棋思路，红方平兵至4路，帅与兵各占一条肋道，这是关键步骤。

第5回合走棋思路，红方进兵走到象眼位置，控制了黑方将的活动。

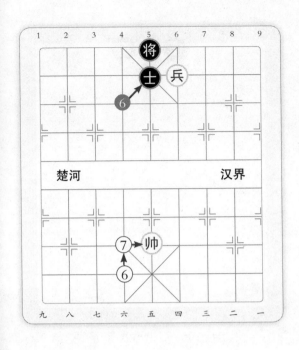

回合	红方	黑方
6	帅六进一	士4退5
7	帅六平五	

分析

第6回合走棋思路，红方不可移动兵，目前兵为无根子，不可轻举妄动，因此，只可进帅或退帅，等黑方退士或平将至4路。

第7回合走棋思路，红方平帅至中路，与兵配合打士，黑方的将只能平移，之后就无棋可走了。

8.3 炮类残局定式杀法

炮需要有炮架才具有威慑力，当一方只剩一炮，另一方又子力耗尽时，炮变为哑炮，毫无作用；因此，以下我们介绍红方剩一炮一仕的定式杀法。

8.3.1 炮仕vs双士

炮仕对双士时，炮仕方必胜，取胜要领为抢先占领中路，再通过运子，迫使对方的士和将移动到同一纵线，之后以炮打士。

◆ 残局分析

如右图所示，红方剩炮和单仕，且帅占领中路，黑方剩双士，当前局面红方的炮可借仕作为炮架，对黑方发起攻击。

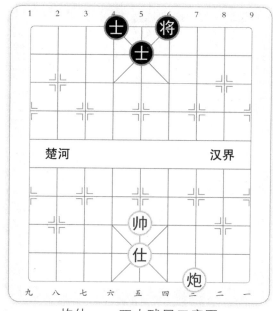

炮仕 vs 双士残局示意图

◆ 定式杀法

面对当前局势，红方只需在将所处的纵线上架空头炮，再一步进仕，即可迫使黑方进士，形成四子连线的关键阵型，行棋步骤如下图所示。

分析

第1回合走棋思路，红方架空炮之后做杀，因主帅占中路，黑方的将不可回中路，不然红方下一着进仕，直接困毙黑方。

第2回合走棋思路，红方进仕，逼迫黑方进士应将。

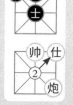

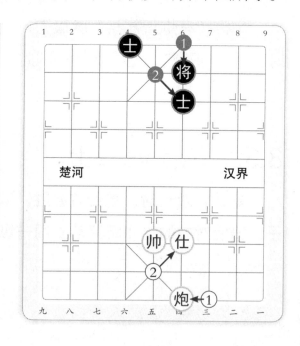

回合	红方	黑方
1	炮三平四	将6进1
2	仕五进四	士5进6

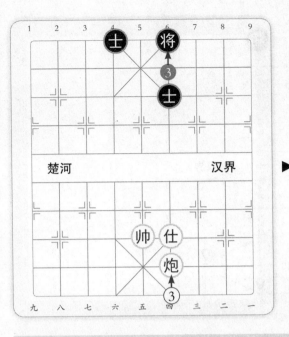 ▶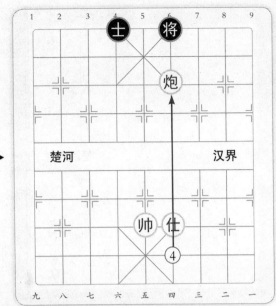

分析

第3回合走棋思路，红方需走一步闲棋，让黑方退将，使士成为无根子；如黑方走"士4进5"，红方直接退仕将死黑方。

红方吃掉黑方的一士之后，接下来炮回底线，再次迫使将士分离，以炮打士。

回合	红方	黑方
3	炮四进一	将6退1
4	炮四进六	

8.3.2 炮仕vs单马

炮仕对单马需看马所处的位置，如马所处位置能在炮将军之前捉仕，便是和棋，反之则炮仕巧胜单马。

◆ 残局分析

如下页图所示，单马与单仕位于同一侧，其中盘河马下一着便可吃仕，而高钓马下一着可捉仕，并封锁压制炮移动至四路，因帅不可与将面对面，导致炮缺失炮架，这种残局便为和局。

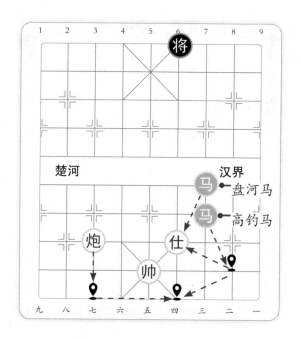

◆ 定式杀法

如单马位置不佳，炮仕可巧胜单马，如下图所示，黑方的马位于中兵位置，当前残局红方可巧胜黑方，我们来演示一下行棋步骤。

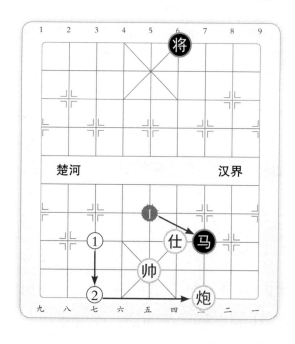

分析

第1回合走棋思路，红方退炮做杀，意图下一着平炮至四路将军，黑方进马防守，此时红方的炮平四，黑方的马可吃子。

第2回合走棋思路，红方炮平三为关键步骤，在下一着炮可以进一做杀，黑方将平5则对面笑。

回合	红方	黑方
1	炮七退二	马5进7
2	炮七平三	

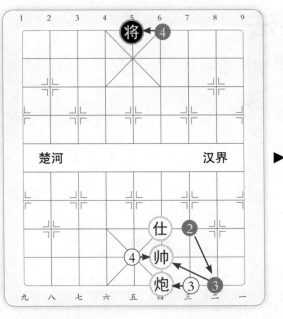

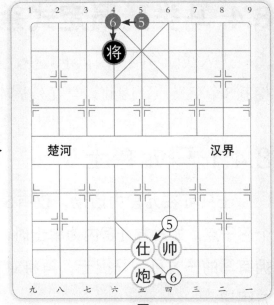

回合	红方	黑方
2		马7进8
3	炮三平四	马8退6
4	帅五平四	将6平5
5	仕四退五	将5平4
6	炮四平五	将4进1
7	帅四进一	将4进1
8	帅四平五	将4退1
9	仕五进六	将4退1
10	炮五平六	将4进1

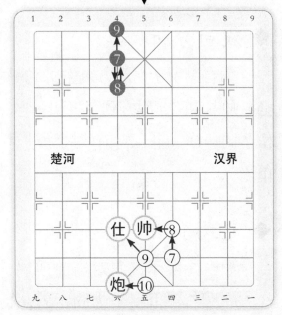

分析

第2~4回合走棋思路，在红方下一着依旧可做杀，以及黑方受对面笑的牵制不能平将的情况下，只好主动把马送吃，从而获得平将的机会。

第5~6回合走棋思路，红方退仕至五路再次部署杀局，把黑方老将封锁在4路。

第7~8回合走棋思路，红方把帅移到中路，为之后进仕平炮做准备。

8.4 马类残局定式杀法

进入残局阶段，因棋子减少，马很少受到蹩脚的阻碍，一马可同时控制8个交叉点，因此，马在残局中具有一定的威慑力。

8.4.1 马vs单士

士只可在九宫内活动，仅有5个落子点，如对方九宫内为单士时，拥有马的一方可用马捉士，再将对方困毙。

◆ 残局分析

如右图所示，红方剩主帅和一马，帅占中路，黑方剩主将和一士，位于同一横线上，当前残局为马对单士。

◆ 定式杀法

如右图所示，面对当前残局，红方先照将，再捉士为固定着法，第1回合黑方只可能进将，如退将红方下一着就可打士。

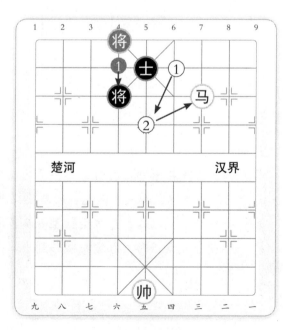

回合	红方	黑方
1	马四退五	将4进1
2	马五进三	

当前红方捉士，黑方只可走"士5退4"和"士5进6"，我们以"士5退4"为例做行棋步骤演示。

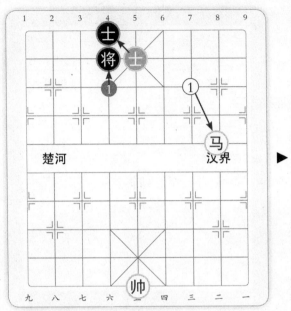

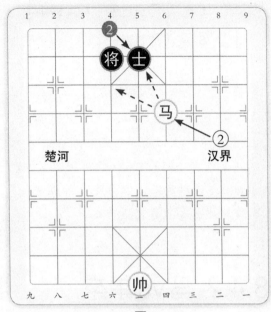

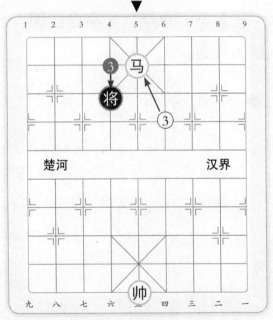

回合	红方	黑方
1	马三退二	将4退1
2	马二进四	士4进5
3	马四进五	将4进1

分析

第1~2回合走棋思路，因黑方退士至4路，将的活动点仅剩2点，红方的马只要控制九宫中心，封锁将进1的交叉点，便可守株待兔，因此先退二再进四。

如红方捉士，黑方走"士5进6"，红方的马则先退四，再进六、进八、进七、退五。

回合	红方	黑方
4	马五退三	将4退1
5	马三进四	将4退1
6	帅五进一	

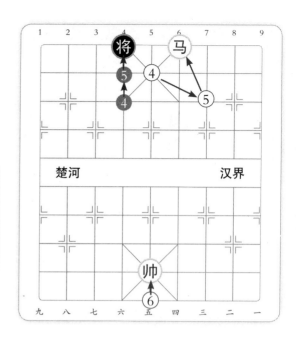

分析

第4~5回合走棋思路，黑方只剩老将，且可活动的点只有3个交叉点，红方只需用马控制中间的1点，便可困毙黑方。

第6回合走棋思路，红方走"帅五进一"为走闲棋，等黑方无棋可走。

8.4.2 马vs单卒

单马对单卒，如卒未过河，且马位佳时，单马可巧胜单卒，反之则为和局。

◆ 残局分析

如右图所示，红方为盘河马，黑方为7卒，这是典型的盘河马对3、7卒的残局，这种残局红方可巧胜黑方，取胜要点以马一将一捉便可。

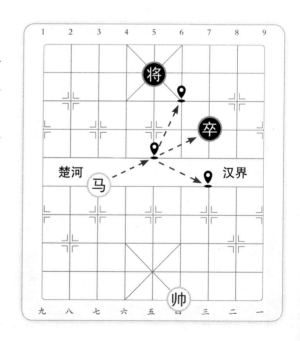

分析

马跳到五路后，一是可提卒，二是牵制卒过河，三是牵制将平4和退1。

◆ 定式杀法

面对当前局势，红方只需巧妙运马，便可通过一将一捉打卒，再用运马困毙黑方，我们来演示一下行棋步骤。

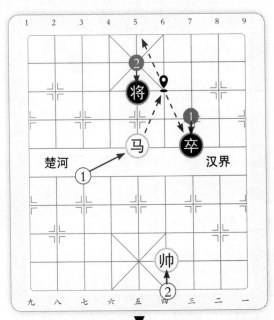

回合	红方	黑方
1	马七进五	卒7进1
2	帅四进一	将5进1
3	马五进三	将5退1
4	马三退一	将5退1

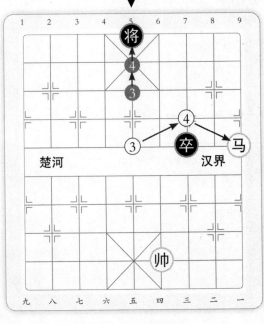

分析

第1回合走棋思路，马进五捉卒以及坚守河界，卒无法安全过河。

第2回合走棋思路，红方进帅等黑方走棋，黑方进卒为送吃，因此只可走将。

第2回合黑方走将思路，将因马的牵制不可退1，如将退1，红方马进四便一将一捉，也称为抽将，红方便可吃卒；将也不可平4，如平4让出中路，红方帅平五占据中路，之后马进四则困毙黑方；因此，将只能进1。

第3回合走棋思路，红方马进三照将，牵制黑方卒过河。

第4回合走棋思路，红方回到骑河线，再次封锁卒的路线，黑方无其他棋子可走，被迫退将。

回合	红方	黑方
5	帅四退一	将5进1
6	马一进二	卒7进1

分析

·第5回合走棋思路，红方退帅等黑方走将，思路与第2回合相同。

第6回合走棋思路，红方马捉卒，黑方的卒未过河，因此，只可进1，导致红方马退四之后形成一将一捉的局面，黑方必然失卒。

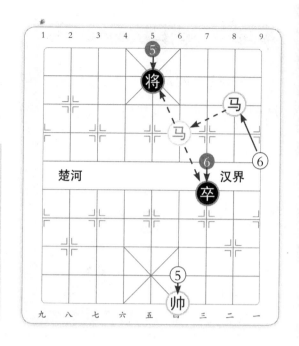

当黑方只剩一将，红方有一马的情况下，红方取胜便很简单。

如下图所示，红方取胜要点为运马至卧槽马处，逼迫黑方将平4，让出中路；红方再平帅至中路，把将紧固在4路活动；之后红方运马至挂角马处，便可困毙黑方。

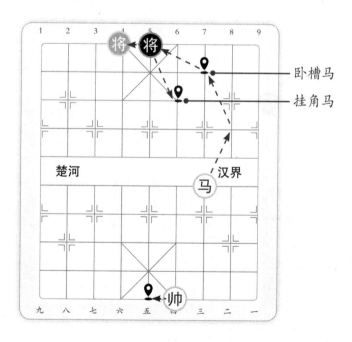

8.5 车类残局定式杀法

车的走法可沿横线和纵线直行，一车可控制17个交叉点，因此，其威慑力最强。

8.5.1 单车vs马双士

单车对马双士的残局为必胜车，取胜关键是把马逼到无底士的一侧，再借助帅力，捉马吃士。

◆ 残局分析

如右图所示，红方帅占中路，黑方双士应帅的牵制不可移动，如中士走开则对面笑；红方车守四路，将不可平6，平6则为自杀。

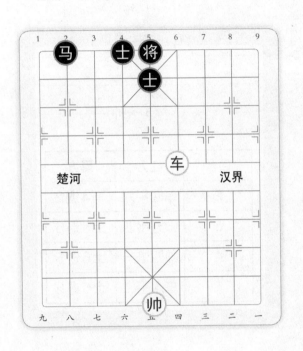

◆ 定式杀法

面对当前局势，红方需把与马位于同一侧的士赶开，让黑方漏出将门，再捉马，我们来演示一下行棋步骤。

回合	红方	黑方
1	车四进二	马2进4

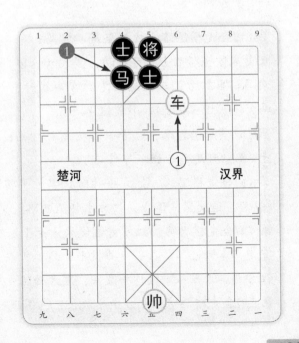

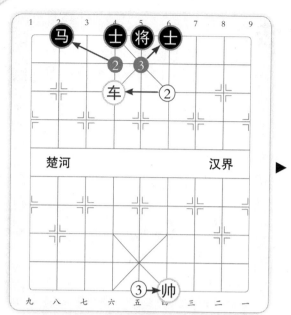

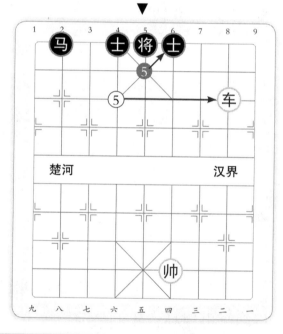

回合	红方	黑方
2	车四平六	马4退2
3	帅五平四	士5退6
4	帅四进一	士6进5
5	车六平二	士5退6

分析

第1回合走棋思路，红方车进二控马；原理是黑方将与双士不可移动，黑方只能移动马；当红方的车控制黑方的宫顶线时，马就不可进3或进1，只能进4。

第2回合走棋思路，红方平车捉马并控马；原理与第1回合相同，这次黑方只能退马至2路，且退马后便不可移动了。

第3回合走棋思路，红方平帅防止黑方平将，逼迫黑方退士；如帅不平四，将就可平6，为了迫使黑方退士，红方平帅至四路，黑方只能退士。

第4回合走棋思路，红方需迫使黑方走士4进5，当前黑方马已被紧固，如进将红方立即走"车六进二"打士，并捉士和马，所以只有双士可以移动；如黑方走"士4进5"，红方"车六平八"捉马并做杀，黑方必然失马。

第5回合走棋思路，红方平车做杀，意图下一着将军，黑方只能退士。

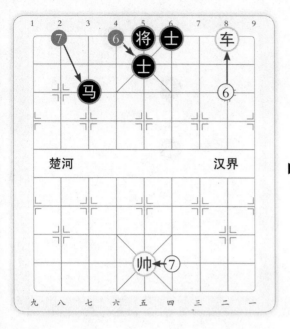

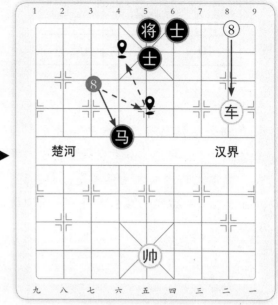

回合	红方	黑方
6	车二进二	士4进5
7	帅四平五	马2进3
8	车二退三	马3进4
9	车二平七	将5平4

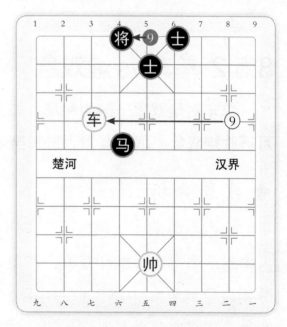

分析

第6回合走棋思路，红方车进二准备打士将军，黑方走"士4进5"保护底士。

第7回合走棋思路，红方平帅至中路，牵制黑方的双士，使其不可移动。

第8回合走棋思路，红方走"车二退三"目的是守住中路，防止黑方的马移动到中路来；如果马移动到中路，红方下一着将军时，黑方就可以垫将。

第9回合走棋思路，红方平车做杀，准备下一着进到底线，困毙黑方，黑方只能平将出来。

回合	红方	黑方
10	车七平六	士5进4

分析

第10回合走棋思路，红方平车将军，因红方主帅占据中路，如果黑方主将返回中路，红方吃马后黑方无棋可走，即困毙；进士抵挡，红方吃士后依旧将军，同理被困毙。

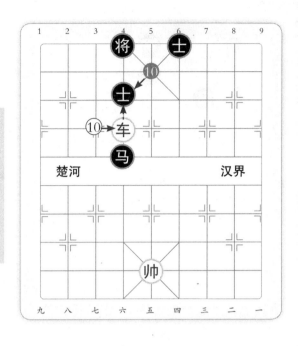

8.5.2 单车vs炮双象

单车对炮双象一般为和局，如果双象分别位于中路与河界上，单车可巧胜炮双象，取胜要领为进车至底线，把将赶到底二线。

◆ 残局分析

如右图所示，红方剩一车，帅占中路；黑方剩一炮和双象，双象分别位于河界和中路，炮占中路；此时，如红方车平五追炮，便会被黑方炮将死，如红方吃象，便会被中象反吃。

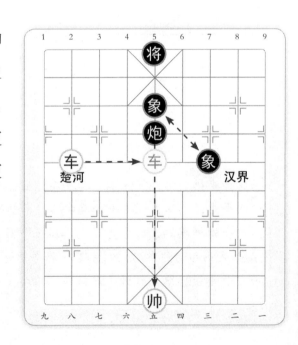

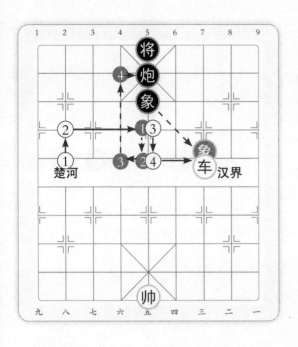

如左图所示，如红方先捉炮，再吃巡河象，便会在第4回合后被黑方一将一捉，即黑方的炮将军，黑方的中象反吃车；此时，红方因必须应将，必然丢失一车。

◆ 定式杀法

面对当前局势，红方必须进车至底线，把将赶至底二线，防止黑方架中炮将军；之后再驱赶中炮，用车吃对方的巡河象，接下来我们演示一下行棋步骤。

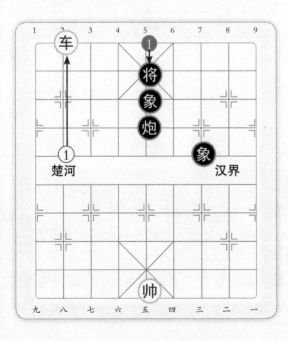

回合	红方	黑方
1	车八进四	将5进1

分析

第1回合走棋思路，红方进车至底线，把黑方主将赶至底二线，防止黑方退炮至底二线，再平车至中象后，形成一将一捉的局面。

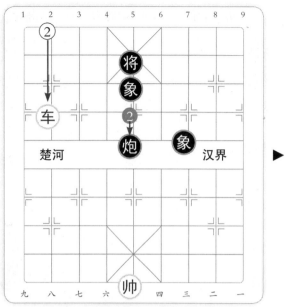

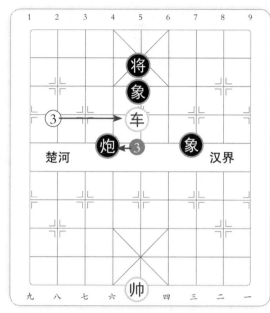

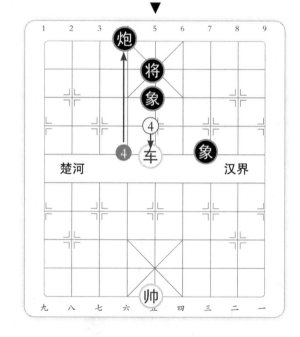

回合	红方	黑方
2	车八退三	炮5进1
3	车八平五	炮5平4
4	车五退一	炮4退4

分析

第2回合走棋思路，红方继续捉炮，把炮从中象前的交叉点赶开，解除中炮威胁。

第3回合走棋思路，红方平车至中路捉炮，把炮从中路赶开，此时中象便不可移动了，如中象走开便会形成对面笑的局面。

第4回合走棋思路，红方不可进车打中象，如进车打中象，黑方退象反吃，故而需退车捉巡河象。

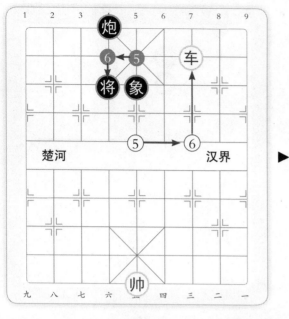

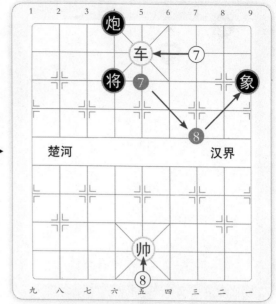

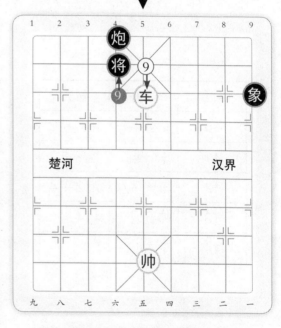

分析

第5回合走棋思路，红方平车吃象，并且做杀；将不可退1，如将退1，红方进车一将一捉，黑方必然失一炮；炮也不能平5做杀，如炮平5，红方进车就将死黑方；故而只能平将。

第6回合走棋思路，红方进车将军，把黑方的将赶至宫顶线，禁锢将的活动。

第7回合走棋思路，红方平车至中路赶走中象，让红方的帅独占中路，且禁锢黑方的将。

第8回合走棋思路，目前红方一车无法捉到炮和象，因此，红方需走一着闲棋，等黑方走棋，黑方将无路可走，如炮走开，则红方可进车至底线再将死黑方，因此只可走象。

第9回合走棋思路，红方退车一将一捉，抽吃黑方的象。

回合	红方	黑方
5	车五平三	将5平4
6	车三进三	将4进1
7	车三平五	象5进7
8	帅五进一	象7退9
9	车五退一	将4退1

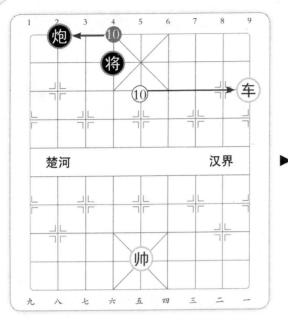 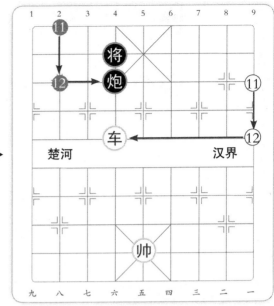

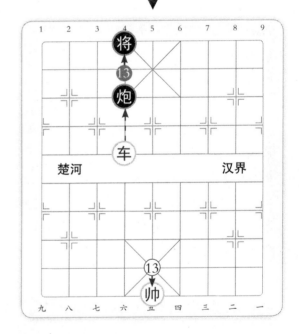

回合	红方	黑方
10	车五平一	炮4平2
11	车一退二	炮2进2
12	车一平六	炮2平4
13	帅五退一	将4退1
14	车六进二	

分析

第10回合走棋思路，红方吃象，黑方将无路可走，只能走炮。

第10~12回合走棋思路，红方退车做杀，再平车将军；黑方进炮再平炮垫将。

第13回合走棋思路，红方不可立马吃炮，因为，黑方将可进1吃棋；故而红方走一着闲棋；黑方只能退将。

第14回合红方就可进车吃炮，并且将死黑方。

如何获取本书配套课程视频

本书提供象棋配套课程视频，您可以按照以下步骤，获取并观看。

步骤1

用微信扫描下方二维码。

步骤2

添加"阿育"为好友（图1），进入聊天界面并回复【61945】（图2），等待片刻。

步骤3

点击弹出的视频链接，即可观看视频（图3）。

图1

图2

图3

如何获取本书配套课程视频

本书提供象棋配套课程视频，您可以按照以下步骤，获取并观看。

步骤1

用微信扫描下方二维码。

步骤2

添加"阿育"为好友（图1），进入聊天界面并回复【61945】（图2），等待片刻。

步骤3

点击弹出的视频链接，即可观看视频（图3）。

图1

图2

图3